Best Selection 1

大川隆法
初期重要講演集
ベストセレクション①

幸福の科学とは何か

Ryuho Okawa
大川隆法

大川隆法
初期重要講演の軌跡

1989.3.5−1989.7.8

第1章

1989年3月5日(午前)法話

「真理文明の流転」

(渋谷公会堂)

「これより後、真理は『光の行軍』を開始していきます。」(第1章より)

多くの聴衆で賑わう会場。

第2章

1989年3月5日(午後)法話

「幸福の科学とは何か」

(渋谷公会堂)

渋谷公会堂に集まった約２５００人の聴衆。

「幸福の科学の理想は、現実論、そして、それからの発展です。」(第2章より)

第3章

1989年3月19日法話
「悟りの発見」
（九州厚生年金会館）

会場となった九州厚生年金会館。

「『悟りの発見』のためには、まず第一点として、自分自身の心のなかにある、この核の部分を発見せねばならんのです。」
（第３章より）

会場には約２２００人の聴衆が詰めかけた。

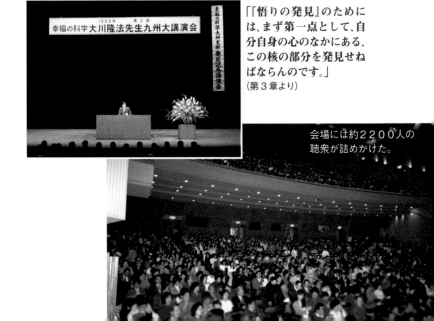

会場となった神戸ポートアイランドホール。

第4章
1989年5月28日法話
「多次元宇宙の秘密」
（神戸ポートアイランドホール）

新刊の書籍やカセットテープを求めて並ぶ人々。

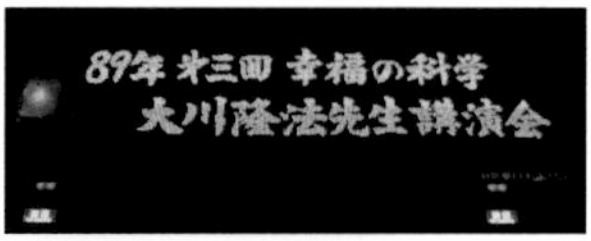

会場の電光掲示板。

「私たちの今回の仕事はどれほど大きな使命を帯びたものであるか。それを知ってください。」
（第４章より）

会場には約4000人の聴衆が詰めかけた。

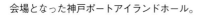

「究極の自己実現は、神そのものの、神その人のお心自体を、自らの心として生きていくことです。」(第５章より)

第5章

1989年7月8日法話
「究極の自己実現」
(大宮ソニックシティ大ホール)

大ホールに詰めかけた約２５００人の聴衆に向けて講演を行った。

まえがき

幸福の科学を始めて二～三年目。著者三十二～三歳頃の講演集である。今からもう三十二年も前の説法集である。だが、内容的には決して古くはなっていない。新しい言葉で語られた、「人間学」であり、「哲学」であり、「宇宙論」であり、「叙事詩《じょじし》」でもある。

自分としても、もう二度と同じ講演をすることはないであろう。今、二十代、三十代の方々には、ぜひとも、読んでいただきたい。

そこには「情熱」と「真実」しかなかった。

今、私の説法は三千二百五十一回とのことである。同じ足跡は残さない。この日本に、若き救世主が誕生した頃の話を、人類の記録として残しておきたい。

二〇二一年　一月九日

幸福《こうふく》の科学《かがく》グループ創始者兼総裁《そうししゃけんそうさい》　大川隆法《おおかわりゅうほう》

大川隆法　初期重要講演集　ベストセレクション①　目次

第1章　真理文明の流転《るてん》

一九八九年三月五日　説法《せっぽう》
東京都・渋谷《しぶや》公会堂にて

第2章　幸福の科学とは何か

一九八九年三月五日　説法
東京都・渋谷公会堂にて

2 幸福の科学で学ぶと、世の中を見る視点が変わる

第3章　悟りの発見

一九八九年三月十九日　説法
福岡《ふくおか》県・九州厚生年金会館にて

第4章　多次元宇宙の秘密

一九八九年五月二十八日　説法
兵庫県・神戸《こうべ》ポートアイランドホールにて

第5章 究極の自己実現

一九八九年七月八日 説法
埼玉《さいたま》県・ソニックシティ大ホールにて

第1章

真理文明の流転《るてん》

一九八九年三月五日　説法《せっぽう》
東京都・渋谷《しぶや》公会堂にて

1　人類の「二千年、三千年の歴史」を超《こ》えて

「文明の源流《げんりゅう》はどのあたりにあるのか」を考えてみたい

朝早くから、みなさん、熱心に来てくださいました。雨のなか、傘《かさ》を差して大勢の方が並んでおられるのを見まして、たいへん感動いたしました。それほどまでに求めてきてくださるということを見て、何として、どのようにしてお応《こた》えすればよいのか、胸がいっぱいです。

今日も、午前・午後（本書第2章）と、二部制ということなのですが、この渋谷《しぶや》公会堂の二千五百人という収容人数では、幸福の科学の会員だけしか入れません。めったに機会もありませんし、一般《いっぱん》の方にも、できたらお聴《き》きいただきたいということで、スケジュール的にはかなり困難ではありますが、こういうことになったわ

けです。

さて、そういうことで、午前・午後と話は内容も違《ちが》いますし、多少、程度も違うと思います。午前は一部、一般の方も入っておられるそうですけれども、あくまでも会員対象ということでありますので、〝容赦《ようしゃ》なく〟と言いましょうか（笑）、〝手加減なく〟と申しましょうか。一般の方がいると言いにくいこともずいぶんありまして、私も、講演会ではかなり遠慮《えんりょ》していつも話をしておりますが、午前の部に関しては、多少、話も飛んだり、信じられない話も出ても、関係なくやりたいというふうに感じております。

さて、演題は「真理文明の流転《るてん》」ということです。本来であれば、三、四億年ぐらいの歴史を話したいところでありますが、一時間では収まらないと考えられますので、もう少し重要な部分に限って話をしていきたいと思います。

さて、みなさんは、ここ二千年、三千年の歴史のなかで、私たちが追究し、探究している法というものが、どのように流れてきたのか、これは、ある程度ご存じであろうと思うのであります。

あるときにはエジプトでモーセの出誕《しゅったん》があり、そして、イスラエルに教えが流れていきました。また、それから時代を遡《さかのぼ》っては、三千数百年前のゼウスのころ、それから、二千数百年前のソクラテスの時代には、ギリシャの文化の高みがありました。

また、二千年前にはイスラエルにイエスが出て「愛」の教えを説きましたし、仏《ぶっ》陀《だ》は二千五、六百年前にインドにおいて教えを説きました。

同じころ、中国では孔子《こうし》という方が「儒教《じゅきょう》」となる教えを説きましたし、同時代、あるいは、それをやや遡って、老子《ろうし》という方は「老荘《ろうそう》思想」の根源の話をしました。

また、紀元後六百年代には、マホメット（ムハンマド）がイスラムの教えを説きました。

こうしたことについては、すでに『黄金の法』で読んでおられることかと思います。

『黄金の法』（幸福の科学出版刊）

私が、本日、みなさまにお話ししたいのは、そんな新しい時代のことではありません。もっと遡って、「文明の源流《げんりゅう》」「法の源流」はどのへんにあるのか、これを一《いっ》緒《しょ》に考えてみたいと思うのであります。

何しろ、四千年以上、昔に遡っていきますと、文献《ぶんけん》とてありません。それを立証するものも何もありません。すべては、「霊的《れいてき》意識として、過去の人類の歴史を私が見ることができる」という、この一点にかかっているわけであります。ですから、これについては、何ら証明するものもありません。

ただ、今日《こんにち》、みなさんが生きているということは、みなさんの先輩《せんぱい》に当たる方々が確かにいたのであり、神の教えというものが、わずか二千年前、三千年前だけに説かれて、それ以前に説かれなかったと考えるのは、やはり思慮《しりょ》不足であると言わざるをえないと思うのであります。

神の教えというのは、いつの時代も説かれました。そして、いつの時代にも、姿《すがた》形《かたち》は変わっても、指導者が地上に下りて、新たな行く手、人類の行方《ゆくえ》、「このようにあなたがたは考え、このように進んでいきなさい」という道を指し示してきたのであります。

その教えは、時代時代において違ったものとなっています。そして、時代と地域によって教えが違うことにより、ある教えを受けた人々、あるいはその教えの流れを汲《く》んでいる人々は、やがて他の教えとの違いが分からなくなり、「自分の学んでいる教えのみが真実の教えであって、それ以外の教えは異教、邪教《じゃきょう》である」と、このように考えがちであります。

ただ、これは、「真実が知らされていない」ということが一つ。そして、もう一つは、「法を学ぶ者の理解力の欠如《けつじょ》がある」。こういうふうに言わざるをえないのであります。

「知る」ということを通して、偉大《いだい》なる寛容《かんよう》の道に入る

今、イスラエルから始まったキリスト教の教えが西洋諸国に広がっています。そ

して、イスラエルに側近きイラン、こういうところで説かれたマホメットの教えがありますが、このマホメットの教えを奉《ほう》ずる人々の考えと西洋諸国の考えが違っているということを、みなさんは新聞、テレビ等で学んでおられることでしょう。

例えば、イスラム教のホメイニ師の発言等については、西洋諸国の人々はまったく理解ができない。「マホメットを侮辱《ぶじょく》するということは死罪に値《あたい》する」と言っているその言葉は、西洋諸国の人たちには分からない。キリストを侮辱するということは、これは西洋諸国の人々には耐《た》えられない。しかし、マホメットについてはさほどの関心がない。こういう考えでしょう。

しかし、今、幸福の科学に集《つど》いて、真理の教え、この体系を学んだみなさんであるとするならば、「何ゆえに神の教えを受けた者たちの考えが違うのか」、この違いが分からざるをえない、いや、分かってしかるべきである。そう考えるのでありますす。それが分からなければ、幸福の科学において学んでいる意味はないのでありま す。

私たちは、「知る」ということを通して、偉大《いだい》なる寛容《かんよう》の道、これに入ろうとしているのであります。人々に対して、あるいは、主義や主張、信条の違う方々に対して寛容になれない理由は、彼らの依拠《いきょ》する考え方、それが理解できないからなのです。

私たちは、今、さまざまな考え方をみなさまに提示することによって、「いかなる教えの分かれ方があるのか。そして、それらは、どのように位置づけられるのか、どう理解すべきなのか」を明らかにしています。

そして、自分の考えと違ったもののなかにも真理の光がある場合に、それは、やはり光を体現する思想としての敬意を表《ひょう》しなさい。たとえ自分のものでなくとも、自分が賛同できるものでなくとも、敬意を表明しなさい。そういう考え方を取っています。これが、本当の意味においての万教同根《ばんきょうどうこん》ということであります。

この「万教同根」「万教帰一《きいつ》」という言葉は、言葉としては美しいし、それを受け入れたいと考えている方は数多くいるでしょう。また、それを口にする宗教家も数多くいらっしゃることでしょう。

しかし、「真実の意味において、この万教同根ということ、万教帰一ということが本当に分かっているのか」、そう問うたときに、私は合格点の付く答えは返ってこないと感じるのであります。知らないからです。本当のことを。本当の事実を。

真の意味において万教同根ということが分かるためには、たかが二千年、三千年の歴史を知ったぐらいでは不十分なのであります。もっともっと古い時代まで遡りながら、「人類の思想はどのように分かれてきたのか、どのような流れを取ってきたのか、そして、時代の要請《ようせい》に応じて、どう現れてきたのか」を知る必要があります。

また、こうした過去の歴史を見たときに、現代という時代において、この地において求められている法はいったい何であるのか、どういう姿を取らなければならないのか、それを知る必要があります。

2 人類の秘史・「イエスの転生《てんしょう》」の歴史

四千年余り前のエジプトに生まれたクラリオ

私は、今、みなさんがご存じであろうモーセの教え、この教えより前にエジプトで説かれた教えを、まずお話ししてみたいと思います。今から四千年余りの前のことです。この地にクラリオという人が生まれました。イエス・キリストという方の「魂《たましい》のきょうだい」の一人であります。

このクラリオは四千年前のエジプトにおいて、いったい何をしたか、何を説いたか。それについては何らの文献《ぶんけん》もありません。

この当時のエジプトにおいて説かれていた教えの柱、これはクラリオが法を説く前に、流れとして、文化として説かれていた教えですが、この柱が二つありました。

一つは、転生輪廻《てんしょうりんね》の思想というものです。これは確立されたものでした。エジプトのピラミッド、あのクフ王のピラミッドが示すように、当時のエジプトの人たちは、転生輪廻ということを当然のこととして受け入れておりました。これが基礎的《きそ》な教えとしてありましたし、これを疑う人はほとんどいなかったというのが現実であります。

二番目の考え方としては、そうした転生輪廻はあるが、人間というものは必ず死を境にして裁きに遭《あ》うという思想が根底にあったのであります。

人間は死を境にして裁きに遭う。そして、善なる魂と悪なる魂は分けられる。善なる魂は、やがて時を隔《へだ》てて戻《もど》ってくる。すなわち、人間の肉体に宿って再誕する。そして、その善の程度に応じて高貴な身分に生まれ変わることができる。したがって、王家に生まれ変わるということは、高貴な魂の証明である。こういう考え方です。

では、悪なる魂はどうなるか。悪なる魂は、まず地獄《じごく》というところに入れられて、そこで厳しい試練に遭う。そして、厳しい試練のなかで、悪なる魂は二つに分けられる。

一つの魂は、永遠に生まれ変わりを許されないものとして、地獄のなかにおいて苦しい環境《かんきょう》に置かれ続ける。すなわち、業火《ごうか》に焼かれ続ける。そういう考え方です。

もう一つの考え方は、地獄に堕《お》ちた魂のなかにおいて多少なりとも善なる部分があった者は、その善なるものの傾向《けいこう》に合わせた動物として生まれ変わることができる。こういう思想です。

この「転生輪廻の思想」、「裁きによる生まれ変わりの違《ちが》いという思想」は、ある意味において、現代の心霊学《しんれいがく》から見て妥当《だとう》する部分が六、七割はあります。

ただ、思い込《こ》みによる間違いもあります。例えば、「地上の身分」と「魂の高下《こうげ》」というものを同じように考えさせるところです。あるいは、地獄というものに対しては、まったく、そのままで苦しみ続ける魂と、動物に生まれ変わってくるものとがあるという考え方です。

もちろん、このとおりのこともありますが、それ以外に、地獄から、「反省」ということを通して天上界《てんじょうかい》に上がってきて、また人間に生まれ変わってくるということが事実としてありますから、この部分については教えとしては欠けていたと言えましょう。

ただ、こういう思想が当時のエジプトでは主流の考えでありました。

生まれではなく「思いの純粋《じゅんすい》さ」で魂《たましい》の値打ちは決まると説いたクラリオ

このエジプトの地において、クラリオはどういうことを教えたか。

それは、「人が救われるか救われないかは、その人の行為《こうい》に基《もと》づく結果によって測られることではない。すなわち、『罪を犯《おか》したから地獄行きとなり、もはや人間として生まれ変わってこない』という考え方、この考え方は間違いである。

人間は、結果のみにおいて裁かれるのではない。人間は、その思いにおいて裁かれるのである。ならば、いかなる思いにおいて裁かれるか。それは、やはり、他の者に対する思いやりである」というものでした。

これは後《のち》にイエスの時代に説いた「愛」と同じ考え方でありますが、「他の者への思いやりをより多く持った人間が善なる人間であり、自己中心的な発想の下《もと》に生きた人間が悪なる人間であるのだ。

人は、外面的な罪によって、死後、裁かれるのではなく、その人の一生を通じた思いによって裁きを受けるのである。そして、その思いとは、いかに愛他《あいた》的な方向を持っていたかどうかということが大事なのである。

したがって、たとえ王家の人間であろうとも、領民たちをよりよくしようとする愛の思い、こうした思いがなく、ただ自《みずか》らの権力の欲《ほ》しさのままに、支配欲のままに住民・領民を圧迫《あっぱく》し、彼らを苦しめ、過酷《かこく》な納税の下、過酷な労役《ろうえき》の下に自分たちの栄華《えいが》をつくっていった王族たちは、地獄の底において苦しんでいるのである」と、そういうことを説きました。

そして、「人々よ、生まれによって汝《なんじ》らの魂《たましい》の高下は決まらない。汝らの魂は、その思いの純粋《じゅんすい》さによって値打ちが決まるのである。

たとえ生まれは貧しくとも、たとえ奴隷《どれい》の子に生まれようとも、たとえ世の中に認められないような職業のなかに生きている人間であっても、心において神近き心を持っているならば、その方はすなわち、神の代わりに地上に下りたがごとき生き方をしているのであって、地上を去ったときに、そのような扱《あつか》いをされるのである」。こう、イエスの前身であるクラリオは説きました。

「魂《たましい》の永遠性」を信じていた人々がつくった「神の国」

その教えに対してどういう反応が返ってきたか、みなさんはおそらく想像がつくでありましょう。もちろん、虐《しいた》げられた階級の人たち、夢も希望もなく生きていた人たちにとっては、この上なき福音《ふくいん》となりました。

「自分たちは生まれによってこういう立場に立っているから、一生、可能性は何もないと思っていたが、心の中身によって、思いによって、自分の値打ちというものが変わるとするならば、そうであるならば、この心の世界は、思いの世界は自分の自由になるではないか。クラリオ様がおっしゃるように、心の王国だけは、自分の自由になるではないか。王によって治められている私たちであっても、自分の心の王国を治めるのは、その主人公は、私たち自身ではないか」

彼らは喜びました。そして、「この新たな教えについていこう」、そういう熱気が溢《あふ》れました。村から村へ、人々は集まりました。

このようにイエスの魂《たましい》というのは、いつの時代にも弱き者、か弱き者、虐げられている者に対して、限りなき愛を注ぎ続けているわけであります。

そして、彼らは狂熱《きょうねつ》的にクラリオの周りに集まりました。クラリオはやがて彼らに推《お》されて、次第《しだい》に指導者となっていきました。大きな力です。大きな力となった。そして、人々は、彼を新たな王にしようと推薦《すいせん》していきました。そういう活動をやっていきました。

しかし、エジプトの地には、連綿とした「王家の伝統」がありました。彼らこの支配階級がどういう挙《きょ》に出たか。それは、おそらく、みなさんも想像に難《かた》くないことだと思います。それはまた、稀《まれ》に見る弾圧《だんあつ》でした。

彼らは、このクラリオの教えに帰依《きえ》して熱心に活動している人たちを見つけたら、憲兵のような者を使って捕《と》らえ、そして、その町から引きずり出して、違った地域においてピラミッドをつくるための石の切り出し、そして、その運搬《うんぱん》をさせました。また、人身御供《ひとみごくう》として、そのピラミッドのなかに、あるいは、その下《した》に埋《う》められる人柱《ひとばしら》にしました。そういうことを繰《く》り返したのであります。

クラリオの教えを信ずれば、家族から離《はな》され、苦役を強《し》いられ、そして、とどのつまりは殺されていくのです。そういうことによって、人々の心を彼の「愛の波《は》動《どう》」に合わさないように、支配階級たちは扇動《せんどう》していったのであります。

しかし、このとき、人々は強かったのです。本当に強かったのです。なぜ彼らがそれほど強かったか。彼らは、あくまでも「魂の永遠性」ということを信じていたからです。

現代のように、魂の永遠性を信じない人たちの集まりになってきたときに、この世のみの唯物《ゆいぶつ》的思想の下《もと》に生きていかんとする人たちが多くなったときに、人々はそれほど強くはなれないでありましょう。

しかし、彼らは強かった。彼らは、今世《こんぜ》においてたとえ報《むく》いられないとしても、「永遠の世界」を信じていた。いや、知っていた。そして、自らが単に奴隷としてこき使われている、こんな肉体に宿る、そんなちっぽけなものではなくて、もっと偉大《いだい》なるものであるということを信じた。そして、来世《らいせ》に望みをつないだわけであります。

いくら圧迫しようとも圧迫しようとも、殺害しようとも殺害しようとも、次々とクラリオの教えに賛同し、帰依し、命を投げ捨てていく人たちが出てきました。これには、さすがの支配階級もどうすることもできなくなっていきました。

そして、クラリオは、今のエジプト、ナイル渓谷《けいこく》のほとりですが、ある所に、新しい国の建設に取りかかりました。それは、神の教えを信ずる人たちの国。彼は、それを「神の国」と命名いたしました。

その「神の国」というところに、人々は約一万人集《つど》いました。そして、「何とかして、自分たちの理想の王国をつくろう」「ここにおいて魂の王国をつくろう」、そういう人たちが集まりました。その一万人の人たちのなかで自給自足経済が始まり、クラリオを中心として、いろいろな人たちが新たな文明の実験に取りかかっていきました。

王の軍勢の執拗《しつよう》な追撃《ついげき》で、最後はナイルに身を投げたクラリオ

しかし、終幕は、意外なところで始まっていきました。それは、このクラリオの新しい「神の王国」のなかで、残念ながら後のユダのごとく、彼らを裏切る者も出てきたのであります。

それは、いつの時代も同じであるように、彼の弟子《でし》のなかに「魔《ま》」というものが入《い》り込んできたのであります。この内なる魔が、外なる魔を手引きすることとなっ

たのです。そして、王の軍勢が不意打ちに近いかたちで、この新しき村を襲《おそ》ってきました。

それは、悲しい事件でありました。彼らは、もはや女であろうが子供であろうが、情け容赦《ようしゃ》ない。当時においては近代的兵器を武装していました。投石機械というのがありますが、大きな石を投げる機械、それから、火をつけた矢、火矢、これを放ち、民家を焼き払《はら》い、石を打ち込み、そして次々と槍《やり》と剣《けん》を持ってなだれ込んできました。数千名の軍勢です。

人々は逃《に》げ惑《まど》いました。普段《ふだん》は用心して警戒《けいかい》もしていたわけですが、内からの手引きがあったために、いちばん彼らが隙《すき》を見せているときに入ってこられたのです。

それはちょうど、この「神の国」、新しき「神の国」というものがつくられて三年目のこと。三年目の祭りの前の日であったのです。三年目を祝うという祭りの前の日で、人々はこのお祝いの前夜祭の酒に酔《よ》いしれておりました。警備の兵士たちも手薄《てうす》で、彼らはお酒を飲み、喜び、歌い、まさしく天国のような景観が繰り広げられていました。

そして、お酒に酔って踊《おど》り疲《つか》れた彼らは、警備も手薄となったまま、深い眠《ねむ》りについていたのです。その真夜中に、王の軍勢たちが急襲《きゅうしゅう》をかけました。そして、この〝新しき村〟は散り散りばらばらとなりました。大部分の人たちは虐殺《ぎゃくさつ》されました。クラリオをはじめ一部の手勢の者たち数百名は、ナイル渓谷を辿《たど》って上流へと逃げていきました。

しかし、この王の軍勢たちは執拗《しつよう》な追撃《ついげき》をやめず、そして、約一カ月間、攻防《こうぼう》戦、逃亡《とうぼう》戦が続いたあげく、最後にクラリオは、人々と、彼の最愛の弟子たちと共に、身をナイルのなかに投げて一生を閉《と》じることとなりました。クラリオ四十二歳《さい》です。そういう悲惨《ひさん》な人生がありました。

その後、彼は、二千年後にまた生まれ変わって、イエスとしてイスラエルに生まれました。そして、今の話を聴《き》いてもお分かりのように、まったく同じような人生を歩んだわけであります。

なぜ、そう生きるか。なぜ、そのような結果になるか。

それは、あくまでも、虐げられた人々、苦しんでいる人々と一体となろうとするその行為そのものが、体制に対する批判となり、彼らを揺《ゆ》るがす行為となるからなのです。

優《やさ》しき行為、愛の思いが、貧しき人たちや虐げられた人たちへの愛の思いが、必然的に支配のイデオロギーを揺るがすものとなる。そして、その不穏《ふおん》分子は必ず制裁を受けることになる。

必ずしも、体制側は「魔の塊《かたまり》」だとばかりは、私は申しません。しかし、彼らの行動のなかにおいて、そうした動きがあるのは当然のことでしょう。

イエスはそういう魂なのです。そういう役割を持って生きているのです。愛のなかに、大いなる愛を実現せんがために自己というものをなくして、自分が救いたい人たちと一体となる、そういう生き方をしたのです。

七千年前のインドで「愛と政治の一致《いっち》」を目指したクリシュナ

このクラリオの魂は、その三千年ほど前、インドに生まれています。インドの西のほうです。西インドのほうに生まれています。そして、このとき、彼は「クリシュナ」という名前で呼ばれました。「クリシュナ神《しん》」として、インドでは有名です。

このクリシュナも、みなさんはよくはご存じないでしょうが、やはり愛を説いた方なのです。

☆クリシュナのときには、彼は王子として生まれました。そのときには、今度は王子として生まれています。

この当時のインドの王国は、外敵が非常に多かったのです。外敵が非常に多くて、戦いの嫌《きら》いな彼も、戦いのなかに置かれました。人々は常に命を狙《ねら》われるという、そういう環境のなかにおいて戦々恐々《せんせんきょうきょう》の毎日でした。

ただ、このインドの地においても、エジプトと同様、人々は「魂」というものを

☆クリシュナのときには……　クリシュナについては、少し色合いの違うインド神話が遺《のこ》っているが、本章では霊的啓示のまま語っている。

百パーセント信じていました。そして、「転生輪廻」という思想も百パーセント根づいていました。

ここで彼が意図したことは、いったい何であったか。「クリシュナ神」と呼ばれるこのイエスの魂が、このときに意図したものはいったい何であったのか。彼は「愛と政治の一致《いっち》」、これを目指していました。後の転生では、弱い者たちのために立ち上がりましたが、このときには「政治をするほう、支配する側のなかにおいて、人々を愛の下に結びつけよう」、こういう考え方がありました。

そして、領民たちの生活をよくするために、あらゆる改善の手段を取っていきました。彼らの税金を免《めん》じ、苦役を免じ、そして、軍隊においてもできるだけ効率的経営をして、多くの人たちが家族と共に楽しく暮らせるような、そういう方法を考えました。

「信仰《しんこう》と政治と軍事」を一体化し、近代的軍隊をつくり、領民を護《まも》った

そのためにはどうするか。クリシュナは考えに考えました。

そして、彼なりに考えたことは、「多くの一般《いっぱん》の人たちを軍人として召《め》し抱《かか》え、そして、戦いに赴《おもむ》かせるということは、残された妻や子供たちにとっては限りない不幸となる。そうであるならば、人々のなかで自分と生死を共にしてくれる人たち、こういう人たちを募《つの》ろう」ということでした。すなわち、彼の場合には、この軍人となるべき人を自分の「弟子」という位置づけにしたのです。

この弟子たちに対して、「あなたがたは、できるなら結婚《けっこん》しないでいただきたい。それは、あなたがたはやがて命を捨てることになるからだ。一般の方々は、どうか家庭を営《いとな》んで、そして、愛深き家庭をつくっていってください。私たちは命を捨てて国を護《まも》る。

だから、私の考えに賛同する人、私の教えに賛同する人たちは一人で来てくださ

い。ただ一人、命を捨てて来てください。私の部下になるということは、もはやその時点で死んだということだと思ってください。みなさんの地上の肉体は、この国を護るためにあるのだと思ってください。

軍人となる人は、この国の一割にも満たないでしょう。残りの九割以上の人たちが幸せに生きられるために、みなさんたちは盾《たて》となり矛《ほこ》となってください。私と共に命を捨ててください」。そういうことで人々を募りました。

そして、集まった人たちは、「クリシュナと心を一つにし、そして、彼と生死を共にする」ということを誓《ちか》い合いました。クリシュナが死ぬときは死ぬ。そして、クリシュナが戦うときには戦う。そのような信仰《しんこう》というものを打ち立てました。ここにおいて、今度は、「信仰と政治と軍事」というものが一体となりました。

クリシュナの考えは、できるだけ領民たちを巻き込まない、戦争に巻き込まないということでありましたので、彼は知恵《ちえ》の限りを絞《しぼ》って、当時の七千年前のインドにおいて、近代的軍隊をつくっていったわけであります。

それは何であったか。当時においては、いわゆる車ですが、車というのは、現代のような車ではありません。大八車《だいはちぐるま》に近い車ですけれども、そういう車です。この車を発明して、そして、これに馬をつけて、そして、その後ろに馬に引かせる車をつけ、この前に多少の覆《おお》いをつくります。木ですけれども、木で覆いをつくり、そして、ここから弓矢を発射できる機械をつくるのです。

こうして、馬を前に二頭、大きいのは三頭ぐらいつけていますが、二頭ないし三頭をつけ、その後ろに車をつけました。大八車の前に壁《かべ》があるようなものです。そして、ここに小窓をつけ、この小窓から弓矢の機械をつけて、車の後ろのほうには、先ほどのエジプトのときと一緒《いっしょ》で、やはり投石機械を持っていました。ゴムではありませんが、革《かわ》でつくった投石機械です。三百メートルぐらい遠くまで飛びました。そのくらいの、握《にぎ》りこぶしより大きな石を飛ばせる機械をつくったのです。

この「投石機械」と、そして「弓矢」という、戦車です。当時としては画期的な戦車を発明いたしました。この戦車で戦車部隊をつくりました。約五百台ぐらいの戦車部隊をつくり、そして、この戦車部隊を中心としてプロの人たちを養成いたしました。

そして、このクリシュナの戦いのときには、まず第一陣《じん》として戦車部隊が出ていって、敵を蹴散《けち》らす。そして、第二陣として次に槍部隊が出ていく。第三陣として今度は剣《つるぎ》、剣《けん》を持った人たちの部隊が出ていく。こういう「三段構えの戦い」の形式をつくりました。

この方法は、彼は無駄《むだ》な血を流したくないということで、敵にいち早く威嚇《いかく》を与《あた》えて退散してもらうという、現代的に言えば専守《せんしゅ》防衛です。専守防衛のためには圧《あっ》倒《とう》的な力を見せて、いち早く、この国を侵攻《しんこう》しようとする勢力に引き下がってもらうということがその原点にありました。それゆえに、こういう奇抜《きばつ》な戦略を編み出していたわけです。

恐怖《きょうふ》の支配を行う周辺諸国の連合軍の卑怯《ひきょう》な攻撃《こうげき》に敗れたクリシュナ

しかしながら、このクリシュナの軍隊もやがて敗れていくことになります。それは、どういうふうに敗れていったのでしょうか。

このクリシュナの軍隊は無敵の軍隊でありましたが、明らかに兵力数は少ないのです。少ない。ですから、「あの兵力数を持って戦い続けるわけだから、あれをどうすれば攻略《こうりゃく》できるか」と、周りの諸国は考えたのです。

それは、単にこの領国が欲しかったというだけではありませんでした。クリシュナの国はあまりにも理想的な国であり、人々が狂熱的に彼を尊敬しており、一つにまとまっていた。そして、領民たちは喜んでいた。

ただ、こういうあり方が、他の諸国に対しては非常な脅威《きょうい》となったわけです。なぜか。それは、彼らは重税を課し、そして人々をこき使っていたわけです。人夫代《にんぷ》わりにしていろいろな土木工事をさせたり、お金を取ったりして、何かといえば、すぐに政治犯に指定されて、家族がバラバラにされる。

こういうことがいくらでもありましたし、情け容赦なく処刑《しょけい》にする。言うことをきかない者は処刑する。こういう国々であったのです。こういうふうに、クリシュナの国の周りでは〝恐怖《きょうふ》の支配〟が行われておりました。

これはいつの時代にもあります。戦国時代はたいていそうです。「恐怖心によって人々を支配する」という支配の方法が主流となっていくことが多いのです。

他の諸国、近隣《きんりん》諸国は恐怖心によって人々を支配していました。ところが、クリシュナは愛によって人々を支配しようとした。これは周りの人たちにとっては大変な脅威なのです。この考えが蔓延《まんえん》したときに、その支配階級、王家の人たちはみな右往左往《うおうさおう》し始めます。

もし反乱が起きたらどうするか。もし「ああいうふうな国になってほしい」と領民が言い始めたらどうするか。夜も眠れないほどの不安です。

さすれば、われら一致して、あのクリシュナを討《う》たねばならない。そこで、周りの五つ、六つの国たちが連合を組みました。「どうしてもあれを潰《つぶ》す」ということです。そして、彼らは実に卑怯《ひきょう》な方策を考えました。

どう考えたか。まず、一つの国がクリシュナの国に攻撃《こうげき》をかける。そして、おびき寄せるわけです。そして、攻撃をかけては撤退《てったい》し、向こうが帰りかけるとまた攻撃をかける。こういうかたちを繰り返しながら、三日かけてだんだんクリシュナの軍隊を国の外のほうにおびき出していったのです。彼らは数において少ないですから、油断ができない。全力で当たらねばならないわけです。

このときに、背後から、残りの平民たち、普通の人たち、九割以上の人たちが幸せにしているこの国に、周りの五カ国の連合軍がなだれ込んできたのです。そして、女子供たちがいる家に火をつけ、彼らが逃げ惑うなかで、徹底《てってい》的に国の破壊《はかい》をやっていきます。

そして、その急を聞いたクリシュナたちの軍隊が引き返し、町のなかに戻ろうと引き返すときに、また新たな追っ手が後ろから迫《せま》ってきます。そして、挟《はさ》み撃《う》ちです。圧倒的な兵力です。数千人の軍隊に何万、何十万という軍隊が、前から後ろからかかっていきます。

彼らは防戦一方となって戦うわけですが、ついにクリシュナたちも、この戦車のなかで、彼ら連合軍の火にかかって焼け死んでいきます。そういう最期《さいご》を私は知っています。戦いのなかにおいて彼らも死んでいきました。

この物語は、おそらくインドの民謡《みんよう》として遺《のこ》っています。かたちは違ったかたちになっていますが、伝承《でんしょう》として遺っているでしょう。霊的な目で見た現実は、そういう現実であります。ここにおいて、「愛による支配」というものが現実の政治において敗れたわけです。

一万一千年ほど前のアトランティスの大王、アガシャー

さて、その前はどうであったか。今から一万一千年ほど前になります。これはアトランティスの時代です。このときには、このイエスの魂は「アガシャー」という

名で生まれました。

これはアトランティスの最後の王です。非常に「賢帝《けんてい》」といわれ、そして、領民たちのことを考えていた王です。ただ、このときにもまた、大変な敵を彼は持っていました。

多くの人たちは、このアガシャーの教えに帰依《きえ》し、彼を非常に偉大な王であると尊敬しておりました。しかしながら、このときにも、宗教の団体においていろいろな団体がありました。古い教えの流れを汲《く》んでいる人たち、また新たな新興宗教の類《たぐい》が非常に急成長しておりました。

そして、この急成長する新興宗教のグループたちは、特徴《とくちょう》として挙げられることは霊的能力です。霊能力、霊現象というものを中軸《ちゅうじく》に据《す》えておりました。そして、「霊現象が出せる者、あるいは霊的能力を巨大《きょだい》に持っている者、これらこそが、本当に優《すぐ》れた人たちなのだ。超人類《ちょうじんるい》なのだ」ということを彼らは言い始めました。

アトランティスも末期《まっき》となっており、人々は倦《う》んでいました。退嬰《たいえい》的な、退廃《たいはい》的な生き方をしていたのです。

非常な科学文明も持っていました。それらについては、すでに私が書いている本のなかで、みなさんはお読みになったことがあるでしょう。当時のアトランティスには潜水艇《せんすいてい》もありましたし、飛行船もありました。

空の上を飛んでいたのです。今、飛んでいる飛行船のようなものが飛んでいたのです。そして、太陽エネルギーを、その光のエネルギーを推進エネルギーとしていました。

潜水艦《かん》の類のものもシャチの形をしており、背ビレに当たるところに小さなピラミッドがついていて、太陽エネルギーを吸収して推進するシステムになっていました。ですから、当時の潜水艇は、「時折、クジラのように水上に浮《う》かんで、太陽エネルギーを吸収してまた潜《もぐ》る」という姿を取っていました。

また、空においても飛行船が飛んでおりましたが、これも太陽エネルギーを使っておりました。雨の日、今日のような日には、飛行船は飛びませんでした。欠航です。そういうふうな時代です。科学的にかなり進んでいました。そして、政治においても、ある意味での民主主義、デモクラシーに当たる部分が採用されていて、かなり進んではいました。そうした、現代の日本を思わせるようなアトランティスの末期でありました。

アトランティス末期の人が大量に現代に生まれ変わっている目的

この当時の人たちは、現代にも数多く生まれ変わっています。現代のアメリカや日本に数多く生まれ変わっているのは、このアトランティスの末期のころに肉体を持っていた方です。そうとう大量に、魂としては下りてきています。

人は個人的に生まれ変わることもありますが、魂集団としては、「同じような文明のときに、同じような集団が大量に生まれ変わってくる」という傾向があるのです。現代、非常に人口が増えてきておりますが、このアトランティス末期のころに活躍《かつやく》していた人たちが、大量に生まれ変わりを希望しているからです。そして今、日本やアメリカにいっぱい生まれ変わってきています。

時代は同じような時代です。この魂の集団たちは、また、かつてアトランティスで失敗した、そうした環境において、今回は失敗しないで無事に魂修行《しゅぎょう》を終えられるかどうか、これを一つの修行目的として大量に生まれ変わってきているのです。

高度な科学技術、高度な政治・経済がある時代に生まれて、そして、「本当の信仰とは何なのか」「本当の神の道とは何なのか」、これを知らしめる、あるいは学ぶという目的のために大量に生まれ変わってきているのです。

人々は、貧しいとき、虐《しいた》げられたときに神を信ずることは、意外に容易なことなのです。

みなさんは、過去の歴史を振《ふ》り返ったときに、なぜ、それほど悲惨な時代があったか、それほど貧しい時代があったか、それほど困難な時代があったかと思うことが多いでしょう。そして、「神はなぜ、そんな時代をつくられたのか」といぶかられることもあるでしょう。

しかしながら、悲惨な時代、困難な時代、貧乏《びんぼう》な時代、こうした時代に、貧しいときに神を信ずることは、魂にとっては意外に易《やさ》しいことなのです。

なぜか。それは、自分が恵《めぐ》まれない環境にあるときに、人々は大いなるものにすがろうとするからなのです。すがろうという気持ちがあるのです。自分を驕《おご》る気持ちがありません。うぬぼれる気持ちがありません。

環境のなかで、運命のなかで翻弄《ほんろう》されて生きている人間たちは、「大いなるものにすがらないと生きていけない。希望を持てない、夢を持てない」、こういうことで、すがり始めます。

たいてい、信仰が芽生《めば》えるとき、信仰心豊かな人たちが大量に出るのは、こうした恵まれない時代であり、戦乱の時代であります。この時代に人々は信仰を学ぶことが多い。

しかし、いったんそうした環境を出て、自分が経済的にも物質的にも恵まれた時代、科学的にも恵まれて便利になった時代に生まれると、かつての時代において、そうした貧しい厳しい環境において自分が神を信じていたことを忘れるのです。そして、うぬぼれが始まっていきます。このうぬぼれが退廃を生んでいきます。自分たちにできることはすべてであって、自分たちはまるで神そのものであるような気持ちになります。

現代の私たちは宇宙船に乗って地球圏外《けんがい》に出ることがありますが、当時のアトランティス人はそこまでは行きませんでした。しかし、飛行船に乗れるということ、飛ばせるということは、もう全世界を支配したと彼らは思っていたのです。「全世界はわれらの掌中《しょうちゅう》にある。われらは、もう地上にて神そのものになったのだ」、こういう感じになってきたのです。

そして、行き着く先は何であるか。それは、まず「快楽中心」の生き方です。いつの時代もそうです。飽食《ほうしょく》のあとは、そうした退廃がやってまいります。「快楽中心」です。

怪《あや》しげな宗教が流行《はや》るなか、「心の教え」「愛の教え」を説いた

そして、この時代には、現代もそうであるように、怪《あや》しげな宗教が雨後《うご》の筍《たけのこ》のごとく、続々と発生してまいりました。それらは、人々をいわゆるオカルトの世界に引き込んでいくわけですが、そのなかにおいて彼らの退屈《たいくつ》を紛《まぎ》らわそうとしていくのです。

幾《いく》つかの団体がありました。代表的なものを言いますと、一つには、現代も流行《はや》っておりますが、空中浮揚《ふよう》を中心とする教えがありました。人々に「宙に浮き上がれればあなたがたは救われる。スーパーマンになれるのだ」というような、そういうことをやっているグループもありました。

あるいは、この親戚《しんせき》のような団体のなかにおいては、現在、スプーン曲げもだいぶ流行っておりますが、こうした類の物理的超能力グループ、これもそうとうおりました。

科学が発達して、そして、何でもできるようになると、次は珍《めずら》しいことをしてみたくなる。物理的にいろいろな超常現象を起こすということを中心にやるグループ、これも出てきました。

それ以外に出てきた宗教としては、今度は逆に先祖返りの宗教も出てまいりました。人間に「すべてを放棄《ほうき》して、そして、もとなるものに帰れ」ということで、現代のヒッピーのような集まりですが、こうした教えを説く者も出てきました。文明生活を否定して、「すべて捨てろ」と言って、集団でヒッピーのような生活をし始めました。

そして、彼らが信仰するのは、もっともっと原始的な神でありました。原始的な神への信仰を始め、「文明的なるものはすべて悪である」という逆行をしていきました。今度は逆行して、「もともとの人間的なことをやるのだ」ということで、原始人の生活を始めていくのです。

そして、「文明生活をしている者は、すべて敵だ。やっつけろ」というような動きをしました。ゲリラの走りです。政府要人であるとか、財界人であるとか、そういう者のところに投石をしたり、火炎瓶《かえんびん》ではありませんが、火をかけたり、こういうことをする者もおりました。これも一つのイデオロギーで人が集まっておりました。

他の宗教のなかで多かったのは、やはり病気治しです。これもけっこうありました。アトランティスも末期であり、このころは文明病が現代と同じくそうとうありました。この病気治しによって人を集めているところもありました。

こういう百花繚乱《ひゃっかりょうらん》でありましたが、アガシャー大王は、「やはり、中心の教えというものは、いつも心の教えであるのだ。そして、愛の教えであるのだ。人々よ、愛に目覚めよ。心に目覚めよ」ということを教えておりました。

狂信《きょうしん》的グループによるクーデターで殺害されたアガシャー

しかし、こうした現象、あるいは外見的なものを中心とする人々は、それだけでは物足りませんでした。しかも、そのアガシャーの言動につられて、自分たちの勢力が圧迫されている、追いやられているということに非常な憤《いきどお》りを感じました。

そして、政府の要人たちのなかに、その勢力は入っていきました。「あのアガシャーには魔が入っているのだ。あれはサタンに違いない。こんな素晴《すば》らしいことをやっている私たちのことを批判するというのは、国王の風上《かざかみ》にも置けない。何とかして、あいつらを殺《や》らなければならない」という、こういう狂信《きょうしん》的グループが台頭してまいりました。

そして、彼らは、政治の世界においても、経済の世界においても、それ以外の世界においても非常な力を持ってきて、このアガシャー・グループの追い落としにかかっていきます。クーデターです。一種のクーデターが起き始めます。

クーデターの結果はご想像のとおりで、どこの世界でもそのとおりです。アガシャーをはじめとする多くの者たちは命を絶たれました。

当時、「アガシャーの広場」というものがありました。

このアトランティスというのは、現在のスペインの沖《おき》、それからアメリカのフロリダの沖、エクアドルという、この三角形のなかにある大きな大陸、大きな島のような大陸だったのです。この首都には「アガシャーの広場」というものがあり、たいへん多くの人たちを集めて、アガシャーが説法《せっぽう》をしていました。

クーデターでは、この聖なるアガシャーの広場を掘《ほ》り返し、そして、このアガシャー・グループ、正法《しょうぼう》を政治の中核《ちゅうかく》に据えている者たちを次々と手にかけました。埋めていったのです。殺して埋めていくという恐《おそ》ろしいことがありました。そして、アガシャーもやはり囚《とら》われの身となり、やがて殺害されていきました。

このときに、アガシャーの息子《むすこ》であるところのアモン二世という方がいて、飛行船に乗ってエジプトに逃《のが》れました。これがエジプト文明の走りです。これがアモン・ラーの伝説になった方の原型です。

そのように、エジプトに、一部の人たちは空路あるいは海路で逃れていきました。

想念の曇《くも》りで大陸が陥没《かんぼつ》したアトランティス末期と似ている現代

ただ、残念ながら、アトランティスは、このアガシャー・グループの処刑に始まった不穏な動きと同時に、天変地異に襲われることになりました。

その彼らの「想念の曇《くも》り」が地球意識に巨大《きょだい》な反作用を生み、そして、繁栄《はんえい》を誇《ほこ》ったこの大陸は一夜にして没《ぼっ》するという、信じられないような現象が起きました。彼らのうちの大部分は、本当に逃れる術《すべ》もなく海中に没していきました。

これは、決して神が沈《しず》めようとして沈めたのではありません。アトランティスの末期、光の大指導霊が出たときに、大量の光の天使たちを迫害し殺害したというその想念の曇りが、この末期の曇った世界にさらなる曇りを投げかけ、そして、神の光が射《さ》さなくなり、その反作用によって大陸の陥没《かんぼつ》ということが起きました。

これはいつの時代にもあったことです。現代にも起きていく可能性のあるところです。地上に住んでいる人たちの想念の曇りが巨大となったときに、その地表の部分に必ず変化が起きるのです。

それは、地球という私たちの住んでいるこの大地も、単なる物ではなく、「地球意識」という一つの巨大な意識、この意識の肉体だからです。意識をまとい、その意識が使っているところの巨大なボディなのです。地球そのものが体なのです。

したがって、地球意識そのものが偉大な神霊の意識です。この神霊の意識と波長《はちょう》の合わない部分ができたとき、すなわち、表面に病理現象が出てきたときにどうなるか。自浄《じじょう》作用というものが必ず起きてくるのです。

みなさんであっても、手や足に腫《は》れ物ができたり、いろいろなものができたときに、これを取り除こうとするでしょう。自動的にそうなるはずです。同じように、地球にも自浄作用があります。それが、長い目で見ると天変地異になっていくことが多いのです。

現代もまた、そういう時代が来ています。私たちもアガシャーのいたアトランティス末期のころと似たような時代に、今、生きているのです。

この時代において、また同じ愚《ぐ》を繰り返すか。それとも、心というものをもう一度入れ替《か》えて、彼らの過去の失敗に学んで何らかの新たな道を拓《ひら》くか。それが、今、私たちに求められていることなのです。

3　これより後《のち》、真理は「光の行軍」を開始する

キリスト教の教えの背後には人類の大きなカルマが横たわっている

イエスの魂《たましい》の過去世《かこぜ》について話をしました。アトランティスの時代のアガシャーであるとか、インドの時代のクリシュナであるとか、エジプトのクラリオであるとか、そして、ナザレのイエスご自身であるとか、こうした彼の生き方を見たときに、彼自身は自《みずか》らの命を惜《お》しいと思っている節《ふし》はどこにもありません。

ただ、悲しむべきことは、これだけの偉大《いだい》な方が出ておりながら、むざむざと死なせていったという人々です。この人々の心にいったい何が残ったかを考えねばなりません。

キリスト教においては、「罪の意識」というものがあります。「人類の罪」という

ことがよく言われます。これは、単にイスラエルの時代のユダヤ人だけに言われているということではないのです。

この教えが出てきた背景には、その過去の転生《てんしょう》において、クラリオの時代もそう、クリシュナの時代もそう、アガシャーの時代もそう、いつも人々への愛のために生きた人が出て、そして、大いなる愛の行動をしていたにもかかわらず、それを理解することができず、それどころか、そうした愛の使者、光の使者たちを大量に殺戮《さつりく》するというような、人間として最大に恥《は》ずべき挙《きょ》に出た人々がいたのです。

この人類の大きな業《ごう》想念、カルマというものが、その教えの背後に横たわっているということを私たちは見破らねばなりません。

それは一つの象徴《しょうちょう》です。イエスという人は、いつもそういう象徴を通して人々に教えようとしているのです。

〝現代の迫害《はくがい》〟に対し、結論を出さねばならない時期が来ている

私たちは、今、二十世紀の末《まつ》にあって、新たな時代において、また地球規模でさまざまな災害や天変地異が起こることが予想されています。そして、この時代にも、かつての時代と同じく、愛の使者、光の使者が数多く出ております。こうした人たちを簡単に抹殺《まっさつ》していくのか。

〝抹殺〟というのは、現代においては必ずしも命を奪《うば》うということではないでしょう。この〝抹殺〟ということは、「言論における抹殺」であったり、「文化における抹殺」であったり、「政治的な抑圧《よくあつ》」でありましょう。

今という時代、このアトランティスと引き比べてみるとするならば、いちばんの問題は、この宗教的真理を語るときに、これを支持するいかなるものも地上にはないということです。そうではありませんか。

しかしながら、これを制限する勢力はいくらでもあります。法律もあります。い

ろいろなものが、こうしたものを抑圧しようとしています。

そして、真理に強く生きんとすればするほど、白い目で見んとする人々の動きがあります。それを気違《きちが》いじみたものとしたり、狂気《きょうき》じみたものとしたり、笑いごととする、笑いものとするような人たちが数多くいます。これが〝現代の迫害《はくがい》〟でありましょう。

宗教的なるものを悪なるものとし、せせら笑い、一笑《いっしょう》に付し、そして、正しき心を持って真理に生きんとする人たちの出世を妨《さまた》げてみたり、左遷《させん》してみたり、辞《や》めさせてみたり、彼らの自己実現をやめさせてみたり、こんな圧力が企業《きぎょう》のなかでも政府のなかでも、いろいろなところであるはずです。これが〝現代の迫害〟です。

真理の団体である私たちは、「これらを乗り切っていくのか。そして、彼らが自覚していないところの悪を、これ以上続けさせるのかどうか」、この結論を出していかねばならない時期が来ていると思うのであります。

真理を阻害《そがい》するものに対しては、毅然《きぜん》たる態度を取れ

願わくば、みなさまがたのなかに、力強い人が数多く出てほしい。
過去の人類の歴史に学んだのであるならば、
そして、現代においても、同じ愚挙《ぐきょ》を、暴挙をさせるのであるならば、
人類はいったい何の魂修行《しゅぎょう》をしているのでしょうか。
いったい何のために営々と生まれ変わり、
同じような時代に生きているのでしょうか。
そして、同じような失敗をするだけであるならば、
どこに人類の発展があるのでしょうか。

今こそ、この日本をはじめとする世界の先進国における、
真理を阻害《そがい》する思いや考え方、行動、

こうしたものに対して毅然《きぜん》たる態度を取り、
「真理は真理であって、
真理の下《もと》において、すべてのものは一つにまとまるのである。
真理の下に、すべてのものは発生したのである。
この一つの光の下に、すべては結集せねばならんのである。
すべての秩序《ちつじょ》は、すべての価値は、
この一《いっ》なるものから流れ出て、
一なるもののために奉仕《ほうし》せねばならんのである」、
こういう考え方を、明瞭《めいりょう》に、明確に打ち立てねばなりません。

人々よ、これより後《のち》、妥協《だきょう》はないと思いなさい。
これより後、真理は「光の行軍」を開始していきます。
わが振《ふ》る手の前に、わが振る手の下に集《つど》い来《きた》り、そして、迷わず進んでいただきたいと思います。
それが、みなさんがたの、
今世《こんぜ》、生を享《う》けたことの意味であろうと思うのです。

どうか、私の下に集い、行動してください。
私を信じてください。
疑わず、ただまっすぐに前進してください。
この手の下に、この白き手の下に集まって、
そして、行動を開始してください。

私たちは、断じて妥協はできないのであります。
真実のものを真実のものとして、
光を光として、

正しきものを正しきものとして、
掲《かか》げていくつもりであります。
頑張《がんば》っていきましょう。

第2章

幸福の科学とは何か

一九八九年三月五日　説法《せっぽう》
東京都・渋谷《しぶや》公会堂にて

1　本物志向である幸福の科学

初めての方を対象に「私の考える幸福の科学とは何か」を話したい

本日は、朝（本書第1章）と午後の〝ダブルヘッダー〟でありまして、朝、聴《き》いた方も何百人かいるのではないかと思いますが、もうそれは忘れてください。全然違《ちが》う話ですので。延長で聴かれるとやりにくいものですから。

私は、午後、「まったく新しい、初めての方対象の話をしたい」と思いますので、そう思ってください。手を抜《ぬ》いたなどと決して思わないでいただきたいと思います。

みなさんは一年二年と勉強しておられるから、かなり進んでいるのですが、初めての方から見れば、けっこう難しいのです。本も六十五冊目が出ていますが（説法《せっぽう》当時）、この六十五冊をずっと読んでこられた方と、初めて来られた方とでは、だいぶ考え方に違いがあり、そう簡単に分からないのです。

それを、それぞれの人の勉強に合わせて教えていくのが、これから会としての活動になるのではないか、そう思います。

したがって、今日も、こういうふうな二部制で、まったく違う話をしておりますが、それも、一つの今後の幸福の科学の活動を象徴《しょうちょう》しているのではないかと、そのように私は思うわけであります。

というのも、私たちが考えている幸福の科学の理念というのは非常に広いのです。非常に広い。この「広い」という意味は、単に横に広いだけではなくて、高さにおいても、かなり難しい教えから平易な教えまで落差がありますし、横の広がりにおいても、教えの多様性ということで、かなり違った面があるのです。

そこで、専門的にだいぶ勉強された方であっても、考え方の違いが分からないということがあります。

先般《せんぱん》、今日の演題と同じく『幸福の科学とは何か』という本を出してみました。そこでは、基本的な考え、一年目、二年目で打ち出した考えのなかでのベースになる部分を、八本の柱に絞《しぼ》って書きました。ただ、これだけでは、まだまだ「幸福の科学とは何か」が十分に分からないだろうと、そういうふうに思うわけです。

そこで、今日は、この本の内容にかかわりなく、違った角度から、「私の考える幸福の科学とはいったいどういうものであるのか。また、今後の展開はどういうふうになっていくのだろうか。また、幸福の科学でやりたいと思っていることはどういう内容なのだろうか」、そんな話をしてみたいと思うわけです。

『幸福の科学とは何か』（幸福の科学出版刊）

幸福の科学に触《ふ》れて勉強を始めて、自分が変わらなければ嘘《うそ》である

今は八九年の三月です。一回目の講演会（「幸福の原理」〔『幸福の科学の十大原

理（上巻）』所収」）が始まったのが、ちょうど二年前、三月八日の牛込《うしごめ》公会堂でした。このときには、四百人余りが集まったのです。

前日に雪が降りまして、そして、朝、晴れ上がったのですが、「これだけ雪が降っては、もう誰《だれ》も来ないのではないか」と思って、私はウロウロしておりました。右往左往《うおうさおう》していて、「雪だな。もう二百人来ればいいほうだな」とか「百人ぐらいいればいいかな」とか思いながら心配して出てきて、そして、演壇《えんだん》に立ちまして、「わあ、すごい。四百人も来ている」と喜んでいたのです。

ところが、二年たったら、今日は五千人です。今はもう五千人ぐらいになりました。こういう勢いで伸《の》びてきました。この間《かん》、では、私たちは積極的に層を広げようとしたのか、そんなに人を集めようとしたのかと考えてみると、まったく逆のことをしてきたつもりなのです。

というのも、「入会願書制」というのを採りました。これは、会の活動を始める

『幸福の科学の十大原理（上巻）』（幸福の科学出版刊）

前、最初、潮文社シリーズで出していたころ、『卑弥呼《ひみこ》の霊言《れいげん》』（現在は『大川隆法霊言全集 第13巻』〔宗教法人幸福の科学刊〕所収）という七巻目の本が出たときに、幸福の科学の案内を後ろに出したわけですが、たちまちのうちに数百人へと増えて き始めたのです。

全然、事務員もいませんし、私自身ものんびりやるつもりでいたので、「これでは大変だ。会員はそんなに増えてほしくない」（笑）という考え方で、「会員の伸びを、だいたい四分の一から五分の一ぐらいに抑《おさ》えたい」という気持ちで、年が改まって八七年に入ってから願書制を始めたわけです。

それも、十冊以上読まないと入れないということですから、私は「年に百人ぐらい増えればいい」ぐらいに思っていたのですが、それでも、どんどん来てくださるようになりました。

さて、では、なぜそういう制限的な方法でスタートしたのか。その原点はいったいどこにあるのか。この話から入っていきたいと思うのです。

まず出発点として、私たちは、「考え方の違いというものを知っていただきたい」という気持ちがあったのです。考え方の違いがある。どういう違いがあるかというと、いわゆる「本物志向」ということなのです。

精神世界には、いろいろなものが乱立しているし、「安いかな、悪いかな」ということで、〝粗製濫造型《そせいらんぞうがた》〟、あるいは粗悪品をどんどん大量に売りたいというような、そういう風潮があります。

こういった風潮に接するにつけて、私自身も、こういう世界で仕事をやっていくことが極《きわ》めて嫌《いや》でした。とても嫌だったのです。「やりたくない。こんな風潮のなかで、こういう仕事はしたくない。どうせするなら、やっぱり自分の納得《なっとく》のいくものをやりたい。それから、幸福の科学で学んでみたいという人たちに納得していただきたい。また、『よくなった』と言われてみたい」。こういう気持ちがあったわけで、あくまでも本物志向というところで一線を画したつもりであります。

そうして、私どもの考えには、「まず幸福の科学に触《ふ》れて、そして勉強を始めて、変わらなければ嘘《うそ》だ」という観点があったのです。

これが、「人生の大学院」という標題を掲《かか》げた理由でもあります。大学院というような題を掲げると、難しいというイメージがありますので、人はだんだん寄りつかなくなるのです。だから、望むところであるということで、「人生の大学院　幸福の科学」という看板を掛《か》けました。

したがって、「ここに来た以上は、勉強していただきますよ」ということなのです。「あなたがた、本気でないと、とてもついていけませんよ」、こういう姿勢です。

そして、「ついてくる者はついてきなさい。入る者は入りなさい。去っていく者は去っていきなさい」という、極めて透明《とうめい》度の高い運営方針を取りました。

素晴《すば》らしい宗教をつくり、中身によって精神世界を変えていく

なぜそうしたかということですが、世の中を本当に変えていこうとするならば、量的な拡大、量の追求だけではもう十分ではない。時代は今、変わろうとしている。

時代はもっともっと奥深《おくぶか》いものを、もっともっと値打ちのあるものを、もっともっと質を求めているのではないか。

世の中を見れば、宗教批判はいくらでもある。また、宗教ビジネスの批判ということで、そういう本もいっぱい出ている。なぜ、こういうものが出ているのだろうか。

実態として、そういうこともあるのかもしれないが、その最大の問題は何であるかというと、やはり、「低俗趣味《ていぞくしゅみ》である」というふうに決めつけられているのではないのか。あるいは、「宗教的世界に集まってくる人たちというのは、平均以下の人々である」と決めつけられているのではないか。

つまり、こういうことなのです。平均以下の人たち、要するに、救いを求めて、もう自分ではどうしようもないから、すがりつきたくてしかたがない、こんな人ばかりを集めているのではないか。そして、そうした貧乏《びんぼう》な人たちからお金を巻き上げているのではないのか。

こういう考え方がだいたい世の八十パーセントぐらいの考えではないかと、私は思います。

そうした風潮に対して、やはり、断固とした批判をせねばならんと思う。その批判は、決して外部にあって批判するのではなくて、そのなかにあって、そして、内容を変えていくことによって、その内容自体の力によって、内部批判をできるのではないか、精神世界そのものの構造を変えていけるのではないか、そのなかに集《つど》う人たちを変えていけるのではないかということです。

したがって、「できるだけ多くの人に真理を伝えたい」という情熱は、本当は私も人後《じんご》に落ちるつもりはまったくありませんが、まず第一段の宗教改革としては、「ぜひとも素晴《すば》らしいものをつくらなければいけない。いいものをつくらなければいけない。今までにないものをつくらねばならない。そして、その中身によって変えていきたい。世の批判を黙《だま》らせてみたい」。そういうことを考えていったわけなのです。

これは『新ビジネス革命』という本のなかにも書いておきましたけれども、世の中で価値あるものといわれるもの、素晴らしいといわれるものは、すべて、ある程度の淘汰《とうた》を通過しているわけです。切磋琢磨《せっさたくま》を通過して、素晴らしいものが残ってきているのです。これは、企業《きぎょう》のなかでもそうです。学問でもそうです。値打ちがあるというもの、素晴らしいといわれるものは、お互《たが》いに切磋琢磨して、そして、より優《すぐ》れたものを出していっているのです。

ところが、精神世界だけはそうではないのです。ここだけは、各団体が自分独自の牙城《がじょう》のようなものを築いているのです。もうここだけ、〝絶対の世界〟が出来上がっていて、「ここに祀《まつ》っている神様だけが宇宙の根本神《こんぽんしん》で、よそは全部違うんだ。ここだけだ」ということで、やっているわけなのです。

そして、まったく他のものの理解を寄せつけない〝唯我独尊《ゆいがどくそん》〟的形態を取っている。そうした運営をしているわけです。

これは、やはり、向上への道ということを考えるときに、ぜひとも改めなければいけない、是《ぜ》が非《ひ》とも変えなければいけない面である。私はそう思います。他の者の批判に堪《た》えないような、そういうものであっては、真にいいものはできないのです。

会員は真理を熱心に求め、切磋琢磨《せっさたくま》する風潮がある

われわれは、むしろ、質を出すことによって他の団体たちの内部改革を促《うなが》したい。こういう気持ちなのです。「幸福の科学の会員ぐらいの人たちを集めることはできるか。集めてみろ」ということを言っているわけです。これは沈黙《ちんもく》のうちの批判です。

ただ、それは三年目に入った今、かなり効果を現してきたと感じています。他の団体などから来た人が見ると、幸福の科学の会員というのは、やはり異常にレベルが高いのです。極めて高いのです。それは、接せられたら分かると思います。

なぜか。それを考えてみると、二つの理由があると思います。

一つは、「求める」という姿勢において、極めて熱心であるのです。「極めて熱心

である。そして真面目《まじめ》である。そこに邪心《じゃしん》がない」ということです。「正しき心の探究」ということも掲げてありますけれども、邪心がない。そして、熱心に求めている。これが一つです。

あとは、「切磋琢磨《せっさたくま》してお互いに伸びていこう」ということを、一つの風潮にしています。会の内部での風潮にしています。この切磋琢磨ということが明らかに打ち出されているがために、レベルが上がっていかざるをえないのです。

いまだかつて、精神世界のなかにおいて、これだけ強力に、この向上の原理を打ち出したところはないであろうと思います。

ですから、そういう組織をつくってきました。今、会員もだいぶ増えてきましたが、初期のころの風潮を受け継《つ》いで、会員のレベルはまったく下がりません。いくら増えても同じです。同じというのは、みんな、努力によって、自助努力によって、自己変革をしているのです。そして、真理というものを真剣《しんけん》に学ぼうとしている。そういう風潮が見られるわけです。

先般、予備セミナーというものがありました。会員の方には受けられた方もいるでしょう。去年まで「初級セミナー」「中級セミナー」「上級セミナー」ということで、会員向けのセミナーをやっておりましたが、受験者が非常に多くなったので、「初級セミナーの参加資格を認定しよう」ということで、予備セミナーというものを導入したのです。

これには約二千名の受験者がありました。会員のうち、去年までにセミナーを受けたことのない人ばかりです。新たな人が二千名ほど受けました。そして、二千名が受けた結果を見て私は驚《おどろ》きました。二千名の平均点は九十三点です。客観試験ですが、百点が四百三十六人おりました。信じられないことです。出題範《はん》囲《い》は本三冊と月刊誌、小冊子、テープ等、いろいろなものです。新しい会員でこれだけ勉強しているのです。もう驚いてしまいました、脱帽《だつぼう》です。

講師陣《じん》一同はみんな脱帽です。「こういう人たちが新入会員なら、どうやって教えようか」と、みんな頭を痛めています。「もう教えることがないのではないか」

ということで、「予備セミナーで百点を取られた方は、そのままもう上級セミナー合格にしたらいいのではないか」と、みんな言っていました。そんなものなのです。

私は、会員のみなさんと直接会ってお話ししていませんが、地方におられる方であっても、この会の熱意、学習熱というのを、みんな受け継いでいるのです。

どこかほかのところで、出しておられる本でそういう厳しい試験をして、二千名が受けて平均点九十三点も取れるようなところがあるかどうか。あるなら訊《き》いてみたいです。

落ちている人のなか、不合格のなかには大学の教授などもいっぱいいて、ゴロゴロ落ちているのです。これは、甘《あま》く見ているからなのです。会員がそれほど熱心だということを知らないのです。甘く見た人はバラバラ落ちています。そんなものなのです。

「真理を自分のものとして、自分を変えていこう」とする人たち

これはいったい何なのだろうか。どういう集団が出来上がってきたのだろうか。そう考えてみると、どうやら集まってきている人たちの内部に変化が起きてきているると感じられるのです。

この変化はいったい何だろうか。それは、新たな価値秩序《ちつじょ》を求めた人たちの行動ではないのか。そう思えるのです。

今までは、例えば、有名高校、有名大学、あるいは有名企業という選択《せんたく》もあったでしょう。あるいは職業でも、より収入を得る職業というものがあったでしょう。そういうものを目指して一生懸命《いっしょうけんめい》、努力はされたでしょう。

ただ、ここで現れてきたこの数千人の団体の人たちの熱意を見てみると、これはいったい何だろうか。真理を学習することによって、いったいどれだけのメリットがあるかというと、この世的なメリットは別に何もないのです。それで、いい評価

が得られたところで、何もないのです、この世的には。どこにも通用するものではありません。

ただ、自分が法を学習しているということを確認しているのです。そして、その達成――「法を学んで、それを自分のものにできた」ということ自体を喜びとする人たちが出てきているということです。これは一つの不思議な時代風潮だと、私は思います。

今までは、「宗教」などという名前を冠《かん》されたら、それだけでもう「得体の知れないもの」「おかしいもの」という感じであったと思います。あるいは、「平均以下の人たち、救われない人たち、こういう人たちが、藁《わら》をもすがる気持ちで集っている」と、こういう見方であったと思います。

ところが、幸福の科学に来ている人たちは、今の説明でも分かると思いますが、極めて頭脳強固なのです。極めて頭脳がしっかりしているのです。精神異常者でそんな点数が取れましょうか。取れるはずがありません。他力《たりき》にすがるという感じで、

「すがりつきたい」というような方々で、そんなことがありましょうか。たぶんないでしょう。

それは、「あくまでも、自分の力で道を切り拓《ひら》いていこう。努力によって素晴らしい道を拓いていこう。そして、真理を自分のものとして、自分自身を変えていこう」とする人たちの集いだということを証明していると思います。

2　幸福の科学で学ぶと、世の中を見る視点が変わる

「天国的なる思想」と「そうでないもの」との違《ちが》いが分かってくる

そして、おそらくは、この団体に集《つど》って勉強しているうちに、二つの大きな変化が出てきているだろうと思います。

第一の変化は、「世の中を見る視点が変わった」ということです。世の中を見る視点が変わった。

従来、当然だと思われていた見方、「こういうものが値打ちがあるんだよ」「こういう道が素晴《すば》らしいんだよ」「これが尊敬されるんだよ」という見方に、ゾロゾロと「われも、われも」と続いていた人たちが、今度は真理に目覚めることによって、趣味・嗜好《しこう》が変わってきます。考え方が変わってきます。

例えば、これは読書の傾向《けいこう》などにも出てきます。今までは雑然と本を読んでいたみなさんが、真理に触《ふ》れることによって、いろいろな本の違《ちが》いが分かってくるのです。本を読み分けるようになってきました。

小説などもそうです。素晴らしいと、ただ思っていた小説でも、あるものは読んで面白《おもしろ》いけれども、あるものは面白くなくなってくるのです。こういう趣味・嗜好が変わってくるのです。

どういうものがポロポロと落ちていくか。それは、そのなかに、本当のことがない、真実がこもっていないものです。単なるフィクションです。フィクションであっても素晴らしいものはありますが、つくりごとであって、もの珍《めずら》しさだけを追い求めているようなもの、こうしたものがだんだん好みから外れていくのです。

あるいは、私たちは「三次元的」と言っていますが、極《きわ》めてこの世的なものばかりを追求している本であれば、だんだん興味がなくなっていくようになります。自然にそういうふうに趣味が変わってき始めるのです。

そして、文学であろうが、映画であろうが、絵画《かいが》であろうが、音楽であろうが、「芸術」という名を冠《かん》されて、素晴らしいと言われていたものであっても、真理を学んだ者にとっては、また好みが半分に分かれてき始めます。

芸術的に見て素晴らしいと言われていたもののなかには、「天国的に素晴らしいもの」と「地獄《じごく》的に素晴らしいもの」と両方があったのです。それを、一般《いっぱん》の人たちは分からなかったのです。みんな、芸術的という名で、素晴らしいものだと決めていた。

ところが、明らかに真理を知ってしまうと、天国的なる思想とそうでないものとが分かってしまうのです。絵でも音楽でもそうです。

本当に素晴《すば》らしい音楽は「悟《さと》りの味」を秘《ひ》めている

音楽でも、本当に素晴《すば》らしい音楽というものは、「悟《さと》りの味」を秘《ひ》めているのです。ところが、そうでない人の音楽は、やはり地獄的波動《はどう》に満ちている。こういうものがあります。聴《き》けないのです。聴けないものがあるのです。

ところが、今流行《はや》っている音楽とは何かというと、けっこう地獄的なものが流行っているのです。それが分からないのです。そういうものを素晴らしいと思っている人が増えてきているのです。そして、そういうミュージシャンがいろいろな所で演奏すると、すぐ三万、五万という人が集まってきます。そして、人々が押《お》し潰《つぶ》されるほどの人気です。残念なことです。

昨日《きのう》、私はレコードを二枚ほど聴いていました。講演会の前日になりますと、やはり、「多少、体を休め、心を休めて、考え事をしたい」という気持ちがあるので、前の日だけは何もしないでぼんやりしていることが多いのです。

二枚、聴いたものは、いったい何であるか。

一つは、モーツァルトの「レクイエム」という曲です。これを聴き直していたのです。モーツァルトが亡《な》くなるときにつくっていた曲です。「最後まで完成しないで、あとは弟子《でし》が完成した」とされていますが、この「レクイエム」を聴いていて、モーツァルトが三十五歳《さい》で死ぬときの悟りはどうであったのか、私はじっと曲を聴きながら感じ取っていたのです。どういうところまで行ったのか。ずっと追究してみましたが、かなりの宗教的境地まで来ていることは確かです。

そして、その内容は、やはりキリスト教的な悲しみ、受難《じゅなん》というものを秘めておりますから少し悲しいのですけれども、ただ、「かなり、宗教的な境地まで来て、最後、亡くなったな」というのは、明らかに分かります。

そして、もう一枚、聴き直していた曲は何であるかというと、それはベートーベンの「第九」だったのです。

この第九という曲も、素晴らしい名曲として今みなさんに知られていますし、年末になるとそういう公演会、演奏会がよく催《もよお》されたりしていますが、この第九の交《こう》響曲《きょうきょく》も、聴いていると、やはりベートーベンの悟りというものが明らかに分かるのです。彼自身の人生を通していったい何をつかんだのかが分かる。

単に音楽好きの人には、それが分からないのです。ただ、真理を学んだ人であると、あの曲を聴いていて、ベートーベンの悟りというのがいったいどういうものであったのか、彼の人生はいったい何であったのかが、曲を聴いているうちに分かるのです。手に取るように分かってくるのです。

どういう状況《じょうきょう》を通して彼は苦悶《くもん》していたか。それを突《つ》き破っていったか。そして、最後に突き破っていって歓喜《かんき》の世界に入ったときの、その歓喜の世界の悟りとは、いったいどういう悟りであったのか。これは、幸福の科学の真理の書籍《しょせき》を読んでいると分かってくるのです。それは何とも言えない分かり方です。

したがって、音楽といい、文学といい、分かり方が違ってきます。好みも変わってきます。受け付けないものも出ます。

発見の喜びは増大し、芸術的センスは増えていく

しかし、今まで好きであったもののなかに、本当に真なるものと一致《いっち》しているものがあったときに、その発見の喜びというのは非常に増大してきます。みなさんの

芸術的センス、これはさらに増えてきます。

演劇においても、おそらくそうでしょう。シェークスピアの演劇もあります。私もたまに演劇を観《み》ています。

以前、単に読書としてシェークスピアの戯曲《ぎきょく》を読んだときには、「まあ、面白いところもあるかな」というぐらいで読んでおりました。一種の対話編ですから、「普通《ふつう》の本を読むよりは早く読めるということが、唯一《ゆいいつ》、助かるところだな」と、そういうふうな考えで読んでおりました。

ところが、真理を知って、シェークスピアの戯曲を読んでいると、いろいろなことが分かるのです。

このシェークスピアという人は、私たちのように真理の書を読んでいたわけではないでしょう。おそらく、霊能者《れいのうしゃ》でもなかっただろうと思われるのですが、しかし、どこまで彼が知っていたかが分かるのです。その言葉の端々《はしばし》に煌《きら》めいているのです。

去年、渡辺謙《わたなべけん》さんの「ハムレット」を観たのですけれども、その言葉のなかには、やはり、真理と合致している部分がそうとうあるのです。死者に対する態度というようなことを言っているのを聴いていると、このシェークスピアという人は、かなり、あの世のこと、実在界のことをはっきり知っているのです。はっきり知っている。

劇のなかには、亡霊というものが出てきますが、亡霊に対する取り扱《あつか》い、考え方というのは、真理を知っている人そのものです。知っているのです。ちゃんと彼は知っていた。事実を知っていた。何ゆえに、そういうふうに迷うのかも知っていた。

そして、「祈《いの》りというものは」ということを言っていたのです。私が「ハムレット」のなかで特に興味を持って聴いていたなかに、祈りについて触れている部分がありました。

祈りによって、亡くなった方、迷っている方を成仏《じょうぶつ》させようと思うのですが、「しかし、こんな穢《けが》れた心で祈ったところで、何ゆえに祈りが天に届くことがあろうか。いや、届くはずもない。この穢れた心、自分自身のこの姿、これを改めないで、この穢れた心を捨て去らないで、どうして祈ったところで救われようか」、こうということを主人公が言う部分があるのです。これは祈りの原理そのものなのです。シェークスピアは祈りの原理を知っていた。

すなわち、心のなかが曇《くも》ったままで常に愚痴《ぐち》や不平や不満を出し、あるいは「環境《かんきょう》が悪い」とか「他人《ひと》が悪い」とか、こういう考え方をし、あるいは欲望のままに生きておりながら祈ったところで、その祈りは天には通じないし、また、冥福《めいふく》を祈ることもできない。こういうことを彼は知っていたのです。

「祈りの前には、心を清らかにせねばならない」と、前回の「祈りの原理」（『幸福の科学の十大原理（下巻）』所収）で十二月にお話ししましたが、これは事実です。実際に実体験してみると、そのとおりなのです。

みなさんがもしキリスト教で勉強されているとしても、「祈りというものは、とにかく『聖書《せいしょ》』に則して祈ればいいのだ」と思っているかもしれませんが、実際に実体験として、四次元以降の世界、あの世の世界と交流している人に

『幸福の科学の十大原理（下巻）』（幸福の科学出版刊）

なってみると、「祈りがどういうふうに伝わるのか、どういう効果を現すのか」ということは、もう明らかに分かるのです。それは、祈る者の精神態度によって変わってくるのです。極めて変わります。

欲望のままに祈ったところで、本当に天使には届かない。自《みずか》らを正さねば、高級霊界《れいかい》に届かないのです。「だから、懺悔《ざんげ》ということが必要だ。反省ということが必要だ」ということになります。心清くなければ、その波長《はちょう》でなければ通じないのです。

では、〝真っ黒〟のままにやって通じる波長はどこかというと、それは下の世界です。暗い世界です。こちらのほうには通じるわけです。

シェークスピアは、明らかにこれは知っていたと思われるのです。あの表現、あの言葉の使い方、明らかに知っていた。こうした異次元の世界との交流ということの意味を、その法則性を彼は知っていた。いったい何を読んで知ったのか。誰《だれ》から教わったのか。自分自身で悟ったのか。そのへんは分かりませんが、明らかに知っているのです。事実です。知っているのです。

こうした読み方が、英文学者にはたしてできるでしょうか。私は訊《き》いてみたいのです。シェークスピアを三十年研究したところで、本当に彼がその劇中で語らせているいることの意味がはたして分かるでしょうか。これを訊いてみたいのです。

幸福の科学の書籍《しょせき》は、本当の世界を知るための手引書

今、私たちは、次々と六十冊、七十冊の本を出しておりますが（説法《せっぽう》当時）、これらはいったい何のために出しているか。そう考えてみると、実は、「世界」というものを、この世界のなかにある「人間たちの生き方」を、そして、人間がその心において「いい」と思うもの、「素晴らしい」と思っているもの、「嫌《いや》だ」と思っているようなもの、こうした「心の働き」について、本当の基準から見たらどうなるのか、これをお教えしているのです。

それを分からないままでいるのです。これを教えてくれるところがないのです。

学校では教えてくれないのです。

そして、二千年前に、あるいは三千年前に教祖が起こしたといわれるその宗教を何千年も、何十代、何百代と引き継《つ》いできた人たちでも、その内容を知らないのです。分からないのです。本当のことが分からないでいるのです。いったいどう見たらいいのか。

私は、今、こうした本当の世界を知るための手引書をつくっているのです。だから、その内容においては、極めて客観的な手法を取っています。科学的だろうと思います。合理的です。どうやって議論を詰《つ》めていくか、結論を出していくか。この間《かん》において、十分に研究・調査という段階を置いて、そして結論を出していく方法を取っています。

そして、真理といわれることも一通りではないということを、いろいろな角度から探究し、次第《しだい》しだいに明らかにしていっているつもりなのです。

これはすべて、「まず、この世に生きているみなさんに、この世の世界とはいったいどういう世界であるのか、これを知っていただきたい。そして、この世の世界というのは、ただこのなかにいただけでは分かりませんよ」ということを言っているのです。

実在界の観点から見ると、今まで見えなかった部分が見えてくる

「このなかにいても分からない」というのはどういうことかというと、この世の世界というのは、ちょうどこの会場のようなものです。会場に座《すわ》っているみなさん、こういう世界なのです。段差があり、後ろへ行くほど高くなっています。後ろへ行くと高い。高い所にいるとどうなるかというと、見晴らしが多少ききます。

高い所に座っている人はいったいどういう人であるかというと、この世的にはある程度、識見を持った人ということです。認識力の高い人、よく知っている人、真理が分かっている人です。こうした人は多少高い所にいます。高い所にいるから見《み》渡《わた》せるのです。

ただ、本当の全景というのは、会場の一階席に座っているだけではなかなか分からないのです。このわずか数メートル、四、五メートルぐらい高いだけでは分からないのです。

ところが、ここには二階席というのがあります。二階席というのは、ちょうど、あの世のようなものです。

二階席のみなさんは、今、〝あの世〟におられるのですが（会場笑）、二階席の〝あの世〟のみなさんから私の姿を見たらどう見えるでしょうか。みなさんが見ている私の姿は、一階の〝この世〟にいる人たちが見ている姿とは、たぶん違っているはずなのです。そうですね。

上から私を見下ろしています。「あいつ、あんな所で何を言っているんだ」と思って見ています。「頭のてっぺんしか見えないぞ。たまには上を見ろ」とか思っていますよね。そうでしょう？　違いますか。そういうふうに見ているでしょう。

このように、空間的に二階に上がっただけでも、ずいぶん違うのです。彼らは違う見方で私を見ているのです。

一階にいる〝この世〟の人たちは、私を見ると、演壇《えんだん》に上がって立派に見えるのです。威張《いば》って見えます。先生に見えます。二階から見ると、「何だ、下のほうで小さいのがしゃべっているな」と思っているのです。これが実在界の観点なのです。いいですか。こういうものなのです。

この世で大なるものも、実在界の観点から見ると、小さく見えてしまいます。この世でどんなに威張った大会社の社長であっても、高級霊界の目から見ると、小さく見えます。そうなのです。

それが逆に滑稽《こっけい》であるのです。この世的に威張っていれば威張っているほど、大きな立場があり、地位があり、名前があって、胸を張っていれば張っているほど、二階から見ると、バカみたいに見えます。そうでしょう？　違いますか。そういうことなのです。滑稽に見えるのです。

真実の目から見ると、そうなのです。「あいつは、あんな下のほうで、ちょっと椅子《いす》席より高いかと思って威張っているだけだ。本当の目から見れば、下のほうでうつむいてしゃべっているだけだし、頭のつむじまで見えるんだぞ」と、こういう目で見ているのです。

このように、違った視点の開拓《かいたく》・確保ということは、同じ座席に座っていたら決して分からないのです。これは、視点を変えないかぎり、分からないのです。いいですか。こういうことなのです。

この、「この世にあって、この世ならざる視点」を得るために、今いろいろな本を出しているのです。みなさんは、それを読むことによって、少なくとも足がかりを得られるのです。足がかりを得られる。この三次元の世界を見るための足がかりが、そこで必ず発見されるのです。

この足がかりによって、他の人を見、この世を見、そして、自分自身を、この三次元にいる自分自身を見直したときに、今まで見えなかった部分がいっぱい見えるのです。これが大事なのです。

3 人生に対して、さわやかな見方ができる

〝渦中《かちゅう》の人〟は、執着《しゅうちゃく》を断《た》とうとしても断てるものではない

宗教においては、よく「執着《しゅうちゃく》を断《た》て」というようなことを言います。「執着を去りなさい」あなたがこだわっていることを去りなさい。、こういうことをよく教えるわけですけれども、執着を去ろう去ろうとしても、離《はな》れないのです。それはまさしく、今、みなさんがその〝渦中《かちゅう》の人〟だからです。そうでしょう。

恋愛《れんあい》の最中《さいちゅう》にいる人に「執着を断ちなさい」と言っても、彼女が目の前をウロウロしていて、執着を断てるはずがない。そういうことです。受験シーズンの人に「執着を断ちなさい」と言っても、「発表があるまでは断てるか」と言って、やはり頑張《がんば》ります。

このように、三次元のなかにいて、その〝渦中の人〟というのは、執着を断とうとしても断てるものではありません。

ところが、いったん、全然、別次元の世界に立脚点《りっきゃくてん》を置いたときに、どう見えるかです。

恋愛《れんあい》について、守護霊《しゅごれい》から見たときにどう見えるか

今、やっと、十二人目でゴールインするかどうかの彼女がいるとします。付き合って十一人は振《ふ》られた。十二人目で、やっと、今度こそ行けそうだ。そういう〝十二人目の正直〟を追求している男の人から見れば、もう最後のチャンス、来年は三十路《みそじ》になってしまうという、最後のチャンスで頑張っているとしましょうか。

例えば、私がそういう人から人生相談を受けても、「まあ、十三回目もあるんじゃない?」と本当は言いたくても、もちろん、それは立場上言えません。もちろん、言えませんが、「成就《じょうじゅ》しますように祈《いの》っておきます」と言います。

ただ、ちょっと、一段違《ちが》うところから見たら、おかしいかぎりです。「まあ、またよくある話じゃないの」ということです。「そんなのはよくありますよ。ほかの会員の相談だと、三十五歳《さい》とか四十歳とかの方もいっぱいいいますよ」と本当は言いたいけれども、言えない。言えないから黙《だま》っています。

けれども、本人は夢中です。「もう最後だ」と思っているから必死です。「それを断て」と言っても、断てないです。

ただ、二階席のような実在界の世界からそれを見たら、どう見えるかです。

みなさんは信じているかどうかは知りませんが、守護霊《しゅごれい》というものが必ずいるのです。これは各人一名ついています。もちろん、積極的に仕事をしている人もいるし、昼寝《ひるね》をしている人もいます。両方ですから、いつも守護しているかどうかは分かりませんが、いちおう建前上はついています。

その守護霊から見たとき、さあ、AさんならAさんが、今、恋愛《れんあい》の渦中で〝生きるか死ぬかのすったもんだ〟をやっているのが、どう見えるかです。

たいていの場合は結婚《けっこん》の縁《えん》というものがあります。自分のベストの人というのは、生まれてくる前に約束してくることが多いのです。

ところが、守護霊の世界から見ていると、相手が例えば違っているわけです。「何を言ってるの？　これはB君の奥《おく》さんになる人じゃないか。おまえ、何を一生《いっしょう》懸命《けんめい》追いかけているのか。おまえが追いかけている人は、隣《となり》の課のB君と二年後に結婚することになっているんだ」と、もう早く別れさせたくてしかたがないのですが、本人はご執心で一生懸命頑張っているのです。

こういうときに、では、守護霊としてどうするかというと、もう諦《あきら》めるしかありません。振られるのを待っているのです。やがて振られます。守護霊は「早めに振ってください」と思っているのです。

地上の人はもう〝真っ黒け〟になって追いかけています。〝真っ黒け〟ではなくて、〝ピンク色〟になっています。そして、追いかけています。そして、半年たって破局が来ます。やがて三十路の風が吹《ふ》いてくるわけです。「自分はうらぶれた。

ガーン。残念だった」ということで、そして、三十路が過ぎて二年ぐらいたって、やっと〝救い主《ぬし》〟が現れてくるのです。そういうかたちなのです。

こういうふうに、地上の人は一生懸命、執着をつくっているのですが、その立場に立つと、そこから離れることができないのです。もう、いっぱいです。頭はいっぱいなのです。

ところが、守護霊から見たら、そんなのもあります。「早く振ってほしい」と思って一生懸命祈っているのです。「他人《ひと》様のものに何をするか」と一生懸命言っている人（守護霊）がいます。

受験について、守護霊《しゅごれい》の視点で考えてみる

受験でも、やはり同じようなことがあります。「何とかこの大学に入らないと、もう自分は死ぬ。もう死んでもいい」というような、こんな悲壮《ひそう》な覚悟《かくご》を立てている人もいます。

医学部に入るのに、十三浪《ろう》とか十四浪もしている人がいるのです。子持ちで受験している人を、私も何人か知っています。東大の医学部に入るのに十三年浪人しているとか、十四年浪人しているという人がいましたけれども、顎髭《あごひげ》を生《は》やして、子供も持っているのです。

そういう人を見たら、先生かと思って、もうびっくりしてしまいます。生徒なのですが、先生かと思ってしまいます。そんな人がいるのです。

もう、東大の医学部に入るのが人生のゴールなのです。「三十幾《いく》つになって、どうするつもりでいるのかな」と私は思うのですが、「いや、そうじゃないんです。世間《せけん》のなかでいちばん難しいと言われるところに入れば、もういつ死んでもいいんだ」ということでやっているわけです。

では、その結果はどうなるのかということですが、毎年、医師の国家試験というのが発表になります。大学に入るときにはいろいろ難しさがあるのでしょうが、出るときにはあまりないようで、国家試験を見たら、どこがよいかはよく分からないのです。

合格率を見たら、九割前後のところに集まっていますけれども、大学名はあまり関係ないようです。東大の医学部を出ても、九割ぐらいしか受かっていません。国家試験に一割は落ちているのです。

そんな大秀才《だいしゅうさい》を集めたのに、いったいどうなっているのだろうかと思います。十三浪をして、もし入ったとしても、その人はそこで落ちたら、次はどうするのだろうか。医師になれなかったら、どうするのだろうか。そんなことまで思ってしまいますが、この十三浪の人は、もうそんなことは頭にありません。〝受かればすべて〟だと思っています。

「卒業に六年かかって、今度、国家試験で落ちることもありうる」ということまで考えていない。そうなると大変です。これは踏《ふ》んだり蹴《け》ったりです。

このへんについて、守護霊《しゅごれい》のほうから見れば、「おまえ、もうやめておいたほうがいい。どうせ医者になれないんだから。もう駄目《だめ》だから。道を早く変えて、こちらに行け」と思っているのですが、本人は「いや、頑張る」と言って、予備校の主《ぬし》になっています。こんな人がいます。自力で頑張っているのです。もう本当にそうです。こんな人がいるのです。

新たな視点を発見し、違《ちが》った目で自分や他人を見る

そのように、この世の人には、自分での努力の余地というのが残されています。そして、道を拓《ひら》こうと思えば、拓ける余地があります。

逆に、自分の自由の余地を残されているがゆえに、これに縛《しば》られるのです。「どうにでもなるんじゃないか」と思うわけなのです。そうして、そこに執着ができて、苦しみができてきます。

こうしたときに、もう一歩違《ちが》った見方ができれば、どれほどの福音《ふくいん》でしょうか。一歩違った見方、二階席に上がるような見方で、この人生というのをもう一回見直すことができたら、どうなりましょうか。それは、極《きわ》めてさわやかな見方ができる

のではないか。私はそういうふうにも思うのです。「さわやか」ではないかなと。「自分が山の頂上から下を見下ろす感じで見たら、どういうふうに見えるかな。ちょうど、こせこせとアリのように這《は》っているように見えるだろうな」と思うのです。

そのときに、「はて、自分の苦しみというものは、本当の苦しみなのだろうか。これは目の前が塞《ふさ》がれているから見えないだけではないのだろうか」ということが分かってくるのです。

これは、決して、他力《たりき》による救いでも何でもありません。それは、「新たな視点を発見した」という、ただそれだけのことです。新たな視点を発見した。違った目で自分を見ることができた。自分の周りの人たちを見ることができた。こういうことはあるのです。

私も、こういう職業に入る前には商社に勤めていました。商社で忙《いそが》しく勤めていました。そして、ニューヨークという所に研修で行ってアメリカの女性を一年間眺《なが》めて日本に帰ってくると、日本にいたときには光り輝《かがや》いていたように見えた女性が、そう見えなくなったのです。みなさんはびっくりするかもしれませんが、本当にそうなのです。「あれっ?」と思ったのです。アメリカに一年いて帰ってくると、もう自動的に執着が切れてしまったのです。まったく不思議です。

洗練された本当に美しい女性を見てくると、もう目が肥《こ》えてしまい、残念ながら、着ているものが赤いとか黄色いとかいうことぐらいではごまかされないのです。エレガントさがあるかないかというのが一目《ひとめ》で分かってしまうのです。そうすると、全然、恋心《こいごころ》は揺《ゆ》れないのです。

残念だけれども、「執着を断つには、ほかのを見てくるのがいちばんだった」というような話です。全然、感じなくなりました。そんなものなのです。不思議です。

そういう効果が、地上にあってもあるのです。外国を経験すると、そういうことがあります。

4　対立の原因を明らかにすることで公的幸福をつくり出す

「なぜ違《ちが》いがあり、どう調整すればいいか」が分かるようになる

話を変えると、例えば、外国に行けばよく分かるのが、日本のお国事情というものです。これがよく分かります。

日本は、米交渉《こめこうしょう》をやっています。「外国から米を輸入する。そうすると、日本の農業が壊滅《かいめつ》的打撃《だげき》を受ける」とかいう話をしています。

日本の地方にずっといた人にとっては、それはもう神の教えにも近い考えであって、「絶対、他のものを入れるわけには相成《あいな》らん」と思っているでしょう。

ところが、実際に海外体験を積んできた人にとっては、違《ちが》った目ができてくるのです。私は、日本のお米よりも、カリフォルニア米《まい》のほうがおいしい場合があるこ

とを知っているのですが、出たことがなく、「自分の村の米がいちばんうまい」と思っている人は、信仰《しんこう》の世界に入っていて、これを覆《くつがえ》すことはほとんどできないのです。

ところが、そういう〝食物信仰〟の世界に入っていない私は、いろいろな所を食べ歩いて、お米を食べ比べてみると、違いが分かるのです。

秋田出身の方や山形出身の方もおられると思うので、たいへん申し訳ないのですが、日本のお米よりもおいしく感じられるお米はあるのです。残念ながら、お百姓《ひゃくしょう》さんが丹精《たんせい》込《こ》めてつくったお米でなくても、おいしいものがあるのです。

だから、日本の商社マンなどは、アメリカへ行ったらカリフォルニア米を買って帰ってきています。トランクに詰《つ》めて持って帰っています。そちらのほうが安くておいしいということを知っているのです。そういうものがあるのです。これは、やはり実体験しないと分かりません。

そうすると、そういう視点を持つということによって、いろいろと議論はしているとしても、「実際の問題はこのへんにあるな」というのがよく分かるのです。「こういう視点を持っているか、持っていないか」ということは大きいのです。

この「異質な目を持っている」ということ、「違った視点を持っている」ということが、いったい何を生むか。

それによって、まず、考えの違っているもの、考えの違った人たちの考えを理解することができます。理解することができる。この多様性の認識ができるのです。なぜ意見が違っているのか。アメリカと日本では考え方がどう違っているのか。なぜそれが出るのか。これが分かります。

そうしたら、次はこの調整の問題に入るわけです。どういうふうな結論を出せば、利害の調整ができるのか。これが分かってくるわけです。

そうです。まさしく、私たちが目指しているものも、そこにあるのです。

地上的には、いろいろな議論を言う人がいっぱいいます。いろいろな主張を言う人がいっぱいいます。「政治」においても、いろいろなことを言っています。「経済」においてもそうです。「宗教」の世界もそうです。「芸術」もそうです。いろいろな世界で言っていますが、これらに対しては、地上的判断で結論を出そうとしても出せないのです。利害の対立でしかないのです。

ところが、違う視点を得ることによって、分かるのです。なぜ、そういう考えの違いがあるのか。どういうふうに調整するのがいちばんいいのか。自分としては、どういう見方をすればいいのか。これが分かるのです。この発見はかなり大きいのです。

これは、悟《さと》りというものとストレートではないかもしれない。しかしながら、やはり、人間として生きていく上において、一段高い見識を持ったと言えると思うのです。

「政教分離《ぶんり》論争」を通して分かる、「真実を知り、議論の道筋《みちすじ》が見えることの大切さ」

私の本をずっと読んできて、講演を聴《き》いてくると、キリスト教や仏教、あるいは神道《しんとう》、儒教《じゅきょう》、こういうものの違いがはっきり分かります。

そして、この目でもって、例えば政教分離《ぶんり》論争というのを聞いてみると、本当に面白《おもしろ》いのです。

この前、大喪《たいそう》の礼《れい》が新宿御苑《しんじゅくぎょえん》でありました。天皇陛下《へいか》が亡《な》くなり、その儀式《ぎしき》をするのに、「国家は宗教行為《こうい》をやってはいけない」となっているので、「ここまでは国家がやり、ここからは宮中《きゅうちゅう》の行事だ」というように、いろいろ分けてやっていました。

そして、それをやったあと、いろいろな識者という方が出てきて、テレビで討論会をやっているのです。「これは是《ぜ》か非か」「こういうことをやっていいのか悪いのか」と、一生懸命《いっしょうけんめい》、宗教論争も含《ふく》めてやっているのです。私などはそれを観《み》ていて、おかしくておかしくてしかたがないのです。

そもそも、宗教とは何かが分かっていないのです。そして、なぜ政教の分離をしなければいけないのか、この意味も分かっていないのです。

ただ、「もう、そういう法律になっている。『これがいい』と人間が決めたからいいんだ」。こういうことばかりを言っているのです。そして、堂々巡《どうどうめぐ》りしています。議論が全然噛《か》み合わないのです。観ていて、まことにおかしかったのです。

大本教《おおもときょう》の事件とか、そういうのをいろいろと例に出して、「国家は、特定の宗教（神道）と一体になると、ああやって他宗排撃《はいげき》をするからいけないんだ」というように言う人もいれば、別の議員が出てきて、「私も法律はちょっと勉強した者だけれども、やはり、単に『押《お》しつけ憲法』と言うのではなく、国民がよしとして受け取ったのだから、それを守っていくのが当然なんだ」というようなことを言ったりしていました。

いろいろな立場で言っていましたが、「宗教とはいったい何なのか」という根本《こんぽん》のところが分かっていないのです。「日本神道を保護するということが、同時に他教の排撃になるんだ。そういう過去があるからいけない」ということを言っているけれども、「では、神道の位置づけは、いったいどういう位置づけなのか」「他の教えと比べて、どういう位置づけになるのか」、こんなことが分からないで、いくら議論しても、本当は結論が出ないのです。

どういう特殊性《とくしゅ》があるのか、これが分からないで、逆に、「いろんな宗教が混ざっているのが日本的特性なんだ」と言って〝文化論〟で片付けたりしています。分かっていません。まったく分かっていないのです。

真実を知るということは、目が開《ひら》けるということです。そして、知識人といわれる人たちの議論の道筋《みちすじ》が見えてしまうのです。「なぜ意見が分かれているのか」「なぜ、どこが違っているのか」、これがみんな分かってくるのです。このへんの結論が出てくるのです。

これは、やはり一つの喜びだろうと私は思います。一つの喜びなのです。知るということに基《もと》づく喜びです。世界の解釈《かいしゃく》ができるようになるのです。

資本主義と共産主義は、実在界の計画からはどう見えるか

また、政治の世界でもそうです。資本主義、共産主義という二大政治圏《けん》に分かれています。そして、資本主義圏は自由主義圏ともいいますけれども、こうした世界の人から見たら、ソ連のクレムリンというのは、〝悪魔《あくま》の館《やかた》〟です。一般《いっぱん》にそういうふうに見られています。「共産主義者というのは、もうおかしいんだ」という考え方です。

向こうの中国、ソ連から見ると、「日本とかアメリカというのは、これは自由主義の走狗《そうく》だ。犬が走っているようなものだ」と、こういう言い方をしています。両方、敵対意識を持っているのです。

では、実在界の計画から言ったらどうなのかというと、自由主義のほうは、神の

繁栄《はんえい》を現すために、いろいろな光の天使が出て活動しているのです。経済活動、政治活動、学問も含めて、いろいろな活動をしています。そして、神の栄光を、繁栄を現すということで、一生懸命やっているのです。

一方、共産主義社会の理想はもともとどこにあったかというと、これも、「ユートピア実現」というところに大きな理想があったのです。この「ユートピア実現」という大きな理想があったからこそ、あれほど宗教にも似たような、人を惹《ひ》きつける力があるのです。そういうものが共産主義のなかにもある。なぜあれほど人を惹きつけるのか。なぜあれほど宗教活動に似たような連帯感になるのか、活動になるのか。それは、「ユートピア建設」という目標があったからです。

マルクスの理論のなかには、もちろん矛盾《むじゅん》するところもあったし、時代遅《おく》れのところもあるけれども、情熱においてそういうところを目指していたがゆえに、その情熱に惹きつけられる人たちが数多く出て、後《あと》を絶たないのです。これは一種の信仰のようなものであって、この信仰を持った人たちの信仰を取り上げることは難しかったのです。

そして、意見の対立があります。共に、本当は、地上に素晴《すば》らしい世界をつくって、そして、人類の繁栄をつくっていこうとしているのだけれども、方法論的違いが目的の違いのように考えられて、そして対立が起きてくる。悲しいことです。

これなども、「本当の神の意図はどこにあるのか。なぜ、そうした主義・主張が出てきたのか。政治思想や哲学《てつがく》思想というのはどういう源流から出てきているのか」、そういうことです。これを勉強すると、その違いが分かってくるのです。

イデオロギーの違《ちが》いを統合するには「一つ上の次元」の考えを出さないといけない

いくらマルクス主義を三十年やっても五十年やっても、あるいは自由主義のなかにおいて経済学者をやっても憲法学者をやっても政治学者をやっても、この根本的なところは分からないのです。真理を学ばないと決して分からないのです。

彼らはやはり正か邪《じゃ》か、正統か異端《いたん》か、これで見ます。

そして、彼らの測定はほとんど「結果」です。「結果でどうなったか」、これで測定するのです。「自由主義国のほうが、だいたい民度が高い。あるいは喜びを享受《きょうじゅ》している人が多い。だから、こちらが正解。向こうは圧迫《あっぱく》されているから、間違《まちが》い」、こういう出し方です。

あるいは、共産主義者のほうから見れば、「彼らは『繁栄している』だの『発展している』だの言うが、あれは砂上の楼閣《ろうかく》にしかすぎないのだ」ということです。「間違ったイデオロギーの下《もと》に、人々は騙《だま》されているんだ。お金の奴隷《どれい》になっていて騙されているんだ。人々はあのようなものに惹かれてはいけない。われらはユートピアをつくらなければいかんのだ」と。そして、「貧しくとも、心正しく生きよ」ということを一生懸命言っているわけです。「彼らは金の亡者《もうじゃ》だ。奴隷だ。あれは狂信《きょうしん》、妄信《もうしん》だ」と。まるで宗教のようですが、「狂信、妄信だ」と言って批判しているのです。そういうものなのです。

この違いを統合するには、この〝一つ上の次元〟の考えを出さないかぎり、絶対に無理なのです。この地上で、同じ次元でやらせたら、これは勢力争い、数の争い、綱引《つなひ》きでしかないのです。〝もっと上の次元〟を出して、「なぜ、そういう考えの違いが出るのか」、これを明らかにしなければいけないのです。これを明らかにしないかぎり、本当のことは分からないのです。

幸福の科学というのは、まさしく、こういうふうに、地上でいろいろな現れ方をし、矛盾を起こし、対立を起こしているようなものたちの、その違いはいったいどこにあるのか、何ゆえに間違いが起きたのか、何ゆえに人々はその理解不足によって不幸を招来しているのか、これをはっきりさせたいのです。

これが、大きな部分です。マクロの部分と言ってもいい。私が唱えている「公的幸福の部分」と言ってもいい。この公的幸福のところは、こういったことです。

世界観について、あるいは人類の理想について、イデオロギーについて、こうしたところにおいて正確なものがつかめていないからこそ、人々は対立し、そして抗《こう》争《そう》し、悩《なや》みをつくり苦しみをつくっています。

これをすっきりしたい。この「公的幸福の部分」をすっきりしたい。

そして、新たな理念の下に、新たな体制もつくっていきたい、生き方もつくっていきたい。そして、この生き方に必ずしも当てはまらないものであっても、神の光を体《たい》しているような考え方・生き方に対して、寛容《かんよう》ある態度を取りたい。

そういう考え方を持っているわけです。これが大きな考え方です。

5　自分をつくっていく過程で世の中をユートピア化していく

ミクロの視点として個人個人の「心のコントロール方法」を教えている

もう一つは、ミクロの視点があります。ミクロと言っては失礼ですが、みなさん個人個人の問題です。小さいかもしれませんけれども、大きいかもしれない。このミクロというのは、個人の問題です。個人の心の領域です。

去年、『「幸福になれない」症候群《しょうこうぐん》』という本を出しました。けっこう評判もいいようです。かなり易《やさ》しく説明したつもりですが、二十数人、いろいろな悩《なや》みを持っていて、幸福になれないでいると思う人、これに対する処方箋《しょほうせん》を出してみました。そして、見ていると、なぜ自分が不幸であったのかが初めて分かった

『「幸福になれない」症候群』（幸福の科学出版刊）

という人がずいぶん出てきました。

考え方の違《ちが》いから不幸が出るのです。「こんな簡単なことだったのか。実は、人生行路のなかにおいて、心の操縦というのは車のハンドル操縦と一緒《いっしょ》なんだ」ということに人々は気づいていくようになるのです。

幸・不幸というのは運命論ではないのです。いいですか。運命ではないのです。あるいは、守護霊《しゅごれい》がしっかりしないで〝昼寝《ひるね》〟しているからでもないのです。

幸・不幸をつくっているのは、現在ただいまのみなさんの思い方、考え方、この判断の仕方なのです。これによって生まれてくるのです。それに気がついていますかと訊《き》いているのです。

私は皮肉《ひにく》りました。「みなさんを見ていると、まるで『幸福になれない症候群』という症候群みたいだ」と。ここで幸福になっていけるのに、みすみす逆のほう逆のほうを判定していくのです。失敗するほう失敗するほうへと判断していくのです。そうして、自分をいじめていくのです。

なぜ、そんなにいじめるのでしょうか。いじめてどうするのですか。それを訊いているのです。自分でハンドルを切れば戻《もど》れるのに、なぜそれだけのことができないのでしょうか。

「心のコントロール」について教えています。これができれば、本当はだいたい八十パーセントは解決がつくのです。

環境《かんきょう》のせいにしています。周りの人のせいにしています。安月給のせいにしています。奥《おく》さんの顔が悪いことのせいにしています。

しかし、根本《こんぽん》の原因はそういうところにはない。その人自身の心の持ちようにあるのです。言葉としては、聞いたら「そうかな」と思うでしょうが、実体験として自分の心をコントロールしたときに、初めて「道が開ける」ということを知るのです。

私たちが出している本も、実はこの「心のコントロールの方法」を教えているのです。やってみてください、実際にどうなるか。本当に変わるのです。自分が変わります。自分が変わると周りも変わります。環境までねじ曲がってきます。いいほうに変わってきます。簡単なことなのです。

この「思いの力」「法則」を、知らないままに生きているということが、どれほど無駄《むだ》な人生になっているか、ロスの多い人生になっているか。単にロスがあるだけではない。ほかの人たちまで巻き込《こ》んでいます。「幸福になれない症候群」は一人だけではない。伝染《でんせん》します。他の人を巻き込んでいくのです。家族、同僚《どうりょう》、友人、その他、近所の人をみんな巻き込んでいきます。

そして、どうするのですか。地上でも不幸な人がいっぱい増えますが、死んでこの世に還《かえ》ったあとも、不幸な人がいっぱい増えていくのです。そして、「幸福になれない症候群」の増大をやっていきます。

これは〝現代のガン〟です。肉体のガンではない。〝心のガン〟なのです。〝心のガン〟として、そういうものがあるのです。私は、そのガンを治して、そして、健康な心に戻すために、〝健康な運命〟を、正しい運命を拓《ひら》いていくための方法論を展開しています。

「正しき心の探究」は神との契約《けいやく》であり、一生続けるもの

今日も、『新・心の探究』という本も出ていますけれども、いったいどうハンドルを切ればいいのか、書いてあります。

私は、このトータルな方針を、幸福の科学で「正しき心の探究」という標題で掲《かか》げています。「正しき心」には、あらゆるものが加わってきます。探究しても探究しても、「ここまで」というのはないでしょうが、「それでもやっていこうではないか」、こういう方針を出しているのです。

したがって、幸福の科学の会員になれば、まず入り口で、この「正しき心の探究」というのがビシッと入ってきます。この〝木戸銭《きどせん》〟は高いのです。「正しき心の探究をやる」ということを決意して門をくぐるのは大変です。

『新・心の探究』(幸福の科学出版刊)

そして、いったんくぐったならば、今度も大変です。〝出口〟までやらなければいけないのです。〝途中下車《とちゅう》〟というのは駄目《だめ》です。最初から最後までです。

私は「幸福の原理」のなかで、「現代の四正道《よんしょうどう》は、愛と知と反省、発展だ」と言っているけれども、これらの四つの道も、「正しき心の探究」という基軸《きじく》があってこそのことなのです。「正しき心の探究」というのは、「最初から最後まで」「入り口であり出口である」ということなのです。

「正しき心の探究」というのは結局何かというと、「まず、一日の自《みずか》らの心の動きというものをよく見なさい。もし、自分が間違った方向に、地獄《じごく》的な方向に心の針が動いていると思ったら、この針を即座《そくざ》に戻しなさい。天国のほうに向けなさい。神のほうに向けなさい」と言っているのです。「この訓練を毎日毎日やりなさい。これが幸福の科学の会員の資格です」と言っているのです。

入会の時点ではそれが分かっていても、会員になって半年になり、一年になり、二年になると忘れてくる。それではいけない。すぐ原点回帰して、元の原点に戻って、「自分は、『正しき心の探究』ということを考えたのだな。それを決意したのだな」と思わなければいけません。

幸福の科学の入会願書に名前を書いたということは、「私は会員である以上、『正しき心の探究』を一生続けます」と契約《けいやく》したということです。いいですか。契約の一方的破棄《はき》は駄目です。契約した以上、これを守ってください。

これは、神様との契約なのです。幸福の科学の会員になったということは、「正しき心の探究」を一生やっていきますということです。

そうすることによって、少なくとも一人の迷える子羊、あなた自身は救われるわけですし、ましてや、「幸福になれない症候群」になって、他の人をガンに冒《おか》して連れ込むようなことはなくなるのです。

幸福の科学は「現実論からの発展」を重視している

まず自分から行きましょう。自分をピシッとまともな方向に向けて、まず正すことから行きましょう。そこで、まずガン細胞《さいぼう》の広がりが止まるのです。まず一カ所止まります。そして、これがワクチンのようになって、周りに広がっていくようになります。そして、多くの人たちを救っていけるようになるのです。

そのように、まず自分というものをしっかりとつくって、この自分をつくっていく過程において、他の人々をも変えていく。そして、世の中をユートピア化していく。そういう道が大事です。

だから、あくまでも私たちは理想論だけに終始していない。そのなかにおいて、極《きわ》めて現実論、現実的な考え方があります。

要は、あなたは、この教えに触《ふ》れて自分を変えられたのか。変えて、よくなったのか、悪くなったのか。悪くなったなら、学んだ意味がない。よくなったなら、それは会員になった資格がある。そのチェック基準は「正しき心の探究」である。

「正しき心の探究」は、必然的に反省を要求するものです。反省を要求していきます。それ以外にも、心の透明感《とうめい》、あるいは他人《ひと》に対する愛の心があったかどうか、こういうことをチェックされます。「常に自分の心の透明感を正し、そして、他の人のために、利他《りた》のために、どれだけあなたはやったのか」ということを訊かれるわけです。これが大事なことなのです。

幸福の科学の理想は、現実論、そして、それからの発展です。「現実論からの発展」、これを重視しています。

どうか、浮《うわ》ついた心ではなく、真実、この教えの確信というものをつかんで、そして、前進していってください。私もその途上《とじょう》にあります。

第3章

悟《さと》りの発見

一九八九年三月十九日　説法《せっぽう》

福岡《ふくおか》県・九州厚生年金会館にて

1 新たな世界を知るための立脚点《りっきゃくてん》とは

「自分自身の新たな使命が始まっている」と予感した二十四歳《さい》のとき

幸福の科学の発展には目覚ましいものがあります。会員数も行事の規模も拡大の一途《いっと》を辿《たど》っております。

しかし、今、私が「悟《さと》りの発見」という演題でみなさんに問いかけようとしていることは、決して、こうした外面的な華《はな》やかさのことだけを言っているのではないのです。

みなさんは、ともすれば、そうした大きな流れや勢いに目を奪《うば》われて、そうして、自分の立場というものを忘れがちになるのであります。けれども、最後は、道を求めている者としては、「自分から始まったものが自分に帰ってくる」「個から始まったものが個に帰ってくる」「私から始まったものが私に帰ってくる」というように、常にその原点というものに回帰してこなければならないわけであります。

本日は、二千数百人がお集まりのなかで、幸福の科学の会員ではない方が千数百人いらっしゃるというふうにお聞きしました。それゆえに、「会員対象だけの話はできない」というふうに私も思いますので、「悟りの入り口と、そこからどのように入っていくのか」、また、「悟りはどのように展開されていくのか」、そして、「悟りの状態とは、また、その維持《いじ》とはどういうふうに図《はか》っていかねばならんのか」ということを、一般《いっぱん》的な話も交えて語っていきたいと思います。

まず、みなさんは、今ここにおられるということは、少なくとも私の本のどれか一冊ぐらいは手に取られて、そして、幸福の科学のことを知られたのであろうと思うのであります。はたして、どの本を最初に読まれたかは存じ上げませんが、必ず、何らかの本を手に取られたに違《ちが》いない。そうして、いったい何を感じられたのでしょうか。私は、そういうことを、時折ふっと想像するのです。そして、それぞれの人に、それぞれの出会いがあるということを、うれしく思います。

私は、大学卒業を控《ひか》えていたころ、やはり思想家になりたいという想いが込《こ》み上げてやまず、哲学《てつがく》や宗教の書物を数多く繙《ひもと》きました。そのなかで、「これは何かが自分に起きようとしているのだ」ということを強く感じました。それが何であるのか、定《さだ》かではありませんでしたが、「自分自身の新たな使命とでも言うべきものが、どうやら始まってくるな」ということを予感しました。

今まで、いくら本を読んだとしても、読んでいる途中で熱いものが下から込み上げてくるというようなことはありませんでした。単に文学書を読んで感動したというのではなくて、そういうまったく異質な感動、そして、魂《たましい》の動き、揺《ゆ》らぎというものを感じました。

それは、自分自身は肉体の形相応《かたちそうおう》の姿であると思っていたにもかかわらず、この肉体のなかに、ほかなる自分、もう一つの自分が確かにいるという存在感でした。何かが揺れているのです。私のなかで動き始めているのです。もう一つの自分が、

「今こそ、自分自身、おまえの、自分自身の本当の存在を知れ」というかたちで動き始めたのです。それは熱い思いでありました。

けれども、私にはまだ、その当時、いったいいかなる道に自分が誘《いざな》われようとしているのか、それを認識するだけの材料がございませんでした。そこで、私は、自分自身の当時持ちえていた知性と理性、これを総動員して、徹底《てってい》的に解明していこうとしました。

自分を中心として起きてくるこの現象に対して、いったい何ゆえにこういうことが起きるのか。そして、その結果はどうなるのか。また、そのプロセスそのものは、いったいどのように解釈《かいしゃく》されるのか。

自分自身に起きていることは、他の人から見たらどのように見えるのか。また、他の人という基準が漠然《ばくぜん》としているならば、人類一般の常識というものに照らしたときに、いったいいかなる位置づけができるのか。それを考え続けました。

自己の客観視という立場、まずこれを中心に据《す》えました。この点において、非常に健全であったというふうに、私は思います。

なぜ、そのように、自己を客観視するということから始めたのか。それを考えてみますと、やはり、その二十四歳《さい》のときでありますが、霊的《れいてき》現象が起きたときまでに、私自身がどのように生きていたか、生きてきたかということが、大きく影響《えいきょう》していたのではないかと思います。

常に原点回帰し、自分のなかの不動の部分をつかんで北極星とする

その当時、私は知的なベースではありましたが、真理というものを求めていたことは事実であります。そして、いろいろな思想の書、これを読んでおりました。教養の書というものもずいぶん読んでおりました。そして、何かを求めていたのは事実です。自分自身、何であるかは分からないが、何かを求めて、そして、内部に蓄《ちく》積《せき》してきた。そういう事実がございました。

そして、私の内に溜《た》まっていたもの、その何かが、新たな事態について、私自

身に「確認をせよ」と要求していたように思えるのであります。「おまえが、過去、読んできた書物、偉人《いじん》といわれる人たちの思想、これらに照らして、おまえ自身の周りに起きていることはいったい何なのか。おまえに伝えんとするその声は、思想は、いったい何であるのか。これを知れ」ということでありました。

深く考えてみるならば、私は出発点において、自分自身が、そのわずか二十数年の間に蓄積した小さなものではありましょうが、その叡智《えいち》の欠片《かけら》とでも言うべきもの、この断片《だんぺん》を中心として判断せざるをえなかったのであります。

それは、一つの未知なるものへの大きな予感でありました。これから未知なる世界へ、未知なる大海へと出ていかんとするのだけれども、水先案内人がいない。誰《だれ》もその海を知っている人がいない。自分自身で、地図を頼《たよ》りに、そして、太陽を見、星を見て進んでいくしかない。そういう感じでありました。

ただ、この時点において大事であったことは何であったか。それは、「私には、根本的なところにおいて一つの自己確信があった」ということだと思います。

霊的現象に見舞《みま》われて、自分は今後どういうふうになるのだろうかという不安そのものはありましたし、過去というものを振《ふ》り返ってみたときに、もちろん紆余曲《うよきょく》折《せつ》はあり、自分なりの失敗もあったし、人を傷つけたこともあったし、迷いもあったけれども、「それでも一途《いちず》に、真面目《まじめ》に、一生懸命《いっしょうけんめい》に生きてきた」というこの事実だけは、決して否定することはできないと、自分は感じたのであります。この「一生懸命に、一途に生きてきた」という思いが、新たな事態を、新たな世界の体験を測っていくための物差しになるのではないのか。そう感じました。

神とか仏とかいうものが、いったい何を考えているのか、どんな思いを持っているのか。そのときの私には分かりませんでしたが、少なくとも、過去の自分のなかで、間違いとか、あるいは失敗したことはあるにしても、そういう部分を取り除いて、取り去ったあとに残った、「一生懸命に生きてきたところ、自分に正直に生きてきたところ、自分の本心に忠実に生きてきたところ」、この部分だけは、もし、会ったことのない神であるとか仏であるとか、このような絶対者なるものがいたとしても、おそらく認めてくださるに違いない。そう感じました。

さすれば、ここが新たな世界を知るための立脚点《りっきゃくてん》になるはずだ。

そう思いました。

常に原点回帰する心です。

新しき事態に対処するに際して、

自分のなかにあって、

不動の部分はいったい何であるか。

自分のなかにあって、

これだけは信じられるというものはいったい何であるか。

これをつかむ。

これを目印《めじるし》とする。

これを梃子《てこ》の支柱とする。

あるいは、これを北極星とする。
それを、自分なりに、教わることなく考え続け、
発見したことは事実であります。

2　自分の心のなかの「内なる真珠《しんじゅ》」の発見から始まる

心のなかには「これだけは確かである」という核《かく》がある

　これからも、おそらく、みなさんの周りにもいろいろなことが起きていくでありましょう。いろいろな経験をされていくでありましょう。また、いろいろな人の意見を聞いたり、体験を聞いたりしていくうちに、自分自身が分からなくなっていくことが、おそらくみなさんにもあるでしょう。

　しかし、そのときに、静かに己《おのれ》の心を振《ふ》り返ってみよ、己の過去を振り返ってみよと、まず私は申し上げたいのです。

　必ず、みなさんの心のなかには、「これだけは確かである」という部分、何かそういう核《かく》があるはずなのです。それは人によって違《ちが》うでしょう。けれども、このダイヤモンドの核のごときものは、必ず、みなさん一人ひとりのなかにあるのです。

あるいは、「ある」と言ったら語弊《ごへい》があるかもしれませんが、生まれてから今まで、数十年を生きてきたなかにおいて、あのアコヤ貝のなかの真珠《しんじゅ》のように、自《みずか》らのなかで、真実、光っているものを必ずつくっているはずです。この「真珠」の発見をしなければならないのです。この真珠は必ずあります。

そして、真珠の真珠たるゆえんは、いったいどこにあるかというと、今、真珠というものを目の前に出されて、これを値打ちなきもの、これを美しくないものだと言い切れる人がいないというところにあります。

これはネガティブな表現ですが、積極的に言うならば、真珠というものを見たら、「ここに価値がある」と、たいていの方は思われるはずであります。その輝《かがや》きがいかようなものであるか、これを私たちは表現する言葉を知りません。みなさんは、真珠のあの色、輝きを日本語で表現できますか。私はできません。あの何とも言えない虹色《にじいろ》、あの輝きを前に、言葉がありません。表現ができません。しかしながら、

真珠そのものを見たときに、ここに美しさを、輝きを感じるのは万人《ばんにん》共通でありま
す。

私が言っているのは、「あのアコヤ貝のごとき貝であっても真珠をつくれるのだ
から、みなさんは、過去の二十年、三十年、四十年、五十年の間に、必ず、何らか
の自分の真珠をつくっているはずだ」ということなのです。これをまず知ってくだ
さい。つかんでください。

地上を去るときに、みなさんの思いと行い、一生というものは、必ず点検され、
反省を余儀《よぎ》なくされる事態が来ますが、そのときにあっても、「これだけは本物だ」
と言えるものがあるかどうか、これを自己確認いただきたいのです。それは必ずあ
るはずです。そして、それを知るということが、これから道なき道を歩み、標識な
き航海に出る、海図なき航海に出るがための一つの出発点であるのです。

「内なる真珠《しんじゅ》」を発見し、磨《みが》き育てるなかに悟《さと》りは明らかになってくる

それゆえ、悟《さと》りというものは、単に書物に書かれてあるものを、そのものを受け入れて、そして、丸暗記し、それを翻訳《ほんやく》するだけでは十分ではないのであります。「悟りの発見」のためには、まず第一点として、自分自身の心のなかにある、この核の部分を発見せねばならんのです。

それは、みなさん固有のものであるのです。他の人のものではない、みなさん固有の、みなさんの内につくってきたもの、これが必ずある。そして、それは他の人によっては十分に表現はできないが、取り出したときに、必ず、「神という方がいらっしゃるなら、この部分についてはおそらく認めてくださる」というところがあるはずなのです。それを知ってください。

そして、これが、今後のみなさんの思いと行いを判断していくための材料になるのです。自信を持って出せるところ、自信を持って語れるところ、これだけはお見

せできるというところ、これを発見してください。

これが分からなければ、いくら活字で読んでも、いくら話を聴《き》いても、それは他《ひ》人《と》の話であって、みなさん個人の話ではないのです。個人の問題ではないいですか。本を読んでいても、そのものはみなさんの悟りにはならないのです。それは、みなさんのなかにある、この真珠《しんじゅ》の部分を磨《みが》き上げるという意味での役には立ちます。あるいは、肥やしとなって、真珠そのものを大きくしていく。こういう役割はあります。しかしながら、真珠そのものは、みなさん独自でつくっていくものなのです。

それには、まず「内なる真珠を発見する」ところから始まっていくのです。これを発見し、これを磨き育てていく。このプロセスのなかに、実は「悟り」というものは明らかになってくるものであるのです。

ゆえに、まず第一に、これを今日は確認しておきたいのです。

現在ただいまでもよろしい。講演会が終わってからでもよい。家に帰って、ゆっくりと考えられても結構です。自らのなかにあるこの真珠のごときものを、必ずつかんでほしい。「これだけは絶対に、他人様に知られたって恥《は》ずかしくない。見せられる」。その部分です。これをはっきりとつかんでください。そして、それを見つめるなかにおいて、みなさんの魂《たましい》はいったいどういう魂であるのか、これが分かってくるのです。

過去幾転生《いくてんしょう》の間でつくってきた「悟り」の輝《かがや》きは消すことはできない

各人には魂というものがあります。いや、「魂がある」というのは間違いです。魂そのものがみなさん自身だからです。「魂が肉体を持っている」というのが、正確な説明であります。

この魂には資質というものがあります。傾向性《けいこう》というものがあります。あるいは、もっと言うならば、単につくられたるものというだけではなくて、過去、何百年、何千年、何万年の過程のなかにおいて、自らが幾転生《いくてんしょう》を重ねてつくってきたものがあるのです。積み上げてきたものがあるのです。それは、魂のなかに、深く深く刻印をされているのであります。

この、自らが転生の過程において得た「知識」「経験」、そして、もっとはっきりと言うならば、転生の過程において得た「悟り」は、これはみなさん固有のものであって、もはや誰《だれ》も奪《うば》うことができないのです。これはちょうど、あの真珠の珠《たま》のなかから、あの色合いを、輝《かがや》きを取り去ることができないように、みなさんが過去、幾転生の間でつくってきた、この「悟り」という名の輝きは、これを消すことはできないのです。これを、各人は必ず持っているのであります。

「自分はどういう魂《たましい》であるのか」ということを知る

今、私は転生という言葉を挙《あ》げました。これは常識的には信じられない方のほうが多いかもしれません。

ただ、私は、こういう体験をしてから八年がたちました。その間《かん》、みなさんもご存じのように、もう七十冊近い本を出しました（説法《せっぽう》当時）。そのなかの半分ぐらいは霊言《れいげん》、霊示集《れいじしゅう》だと思いますが、これだけのものを出してきたということについては、これは、インチキやつくりごとでは絶対に出せません。こんなに書ける人はいません。現実だからです。現に霊の世界はあるのです。

かつて、みなさんと同じように人間として地上に肉体を持って生きていた方が、死というものを境にして、まったくの灰になってしまう。炭素と、あるいは少量の水分や二酸化炭素、こんなものになってしまって、一生かかって勉強したものや得たものが、すべてゼロになってしまうという、こういう考えに賛同できる方もいらっしゃるのでしょう。しかし、私から言えば、こんなものは狂信《きょうしん》・妄信《もうしん》です。信じられません。みなさんは信じられますか。

それなら、何のために、みなさんは一生懸命《いっしょうけんめい》に生きてきたのですか。努力してきたのですか。そうではないですか。まったくの塵《ちり》や灰になってしまうのなら、何のための努力がありますか。何のための道徳がありますか。何のための教えがありますか。子供を教育して、そして、どうなるのですか。何のために教育するのですか。考えてみてもおかしいことです。

今世《こんぜ》でそれだけ一生懸命にやらねばならんと感じているということは、みなさんの心の奥底《おくそこ》において永遠なるものを知っているのです。「自分たちは必ず向上せねばならん」という気持ちが、どこかにあるはずです。その気持ちは知っているのです。人間というのは、一代限りではないことを、数十年限りではないことを、永遠の生命のなかを生き抜《ぬ》いているからこそ、努力精進《しょうじん》があるということを、必ず、みなさんは心のどこかで知っているのです。

この転生の記憶《きおく》というものは、決して、他のものによって呼び覚まされるのではなくて、実は、みなさん自身が自分の潜在《せんざい》意識を繙《ひもと》いて思い出すことも可能なのです。それは、ごく簡単にできていくことであるのです。

その転生の記憶を思い出す方法の第一は、先ほど述べましたように、まず、自らの魂《たましい》の傾向性を、資質を探《さぐ》ることです。自分はどういう魂であるのかということを知ることです。これが大事です。これが第一歩なのです。

自分自身はどういう人間であるのか。言葉を換《か》えれば、そういうことになります。いかなる人間であるのか、振り返ってみます。他の人とは違う、明らかに個性ある存在であります。明らかに個性ある存在としての自分、このなかにおいて、どうしても取り去りがたい特徴《とくちょう》があるはずなのです。

ある人は、「美」というものに対して、限りない情熱を持っています。「美しい」というものです。美しいものに対して、どうしてもやみがたい情熱を持っています。芸術家もそうでしょう。芸術家ではなくても、そういう方はいらっしゃるはずです。美というものに対して、この情熱を抑《おさ》えることができない。こういう方がいらっしゃいます。それは、魂のなかに、そういう傾向性が明らかに出ているのです。過去の転生のなかにおいても、そういう経験を数多くしてきているのです。間違いがありません。

あるいは、「学問」というものに対して、どうしても情熱を感じる方がいます。

そういう魂は、過去、必ず、幾転生をしながら、さまざまなものを学んできたのです。そういう魂の傾向性というものが必ずあるのです。

あるいは、「音楽」というものに対して非常に敏感《びんかん》であって、他の人にないような感覚を持っている方もいらっしゃいます。そうした方は、必ず、過去においても音楽というものを愛した、そういう歴史があったのです。

自らがいちばん強く思うもの、いちばん強く願うもの、あるいは、逆に言うならば、力を抜いて、そして楽な気分でいたときに、自分がいちばんしたくなるもの、そちらの方向に魂の傾向はあると言ってもよいのかもしれません。まず、みなさん自身がいったいどのような人間であるのか。これを知ってほしい。

3　他人《たにん》の存在によって自分を知る

悟《さと》りの出発点においては「自他の違《ちが》いを知る」ことが大事

「悟《さと》り」というものは、突《つ》き詰《つ》めていくならば、自と他の境、自他の境を乗り越《こ》えていくものとなりますが、その出発点においては、「自他の違《ちが》いを知る」ということがとても大事なのです。

みなさんは、時折、不思議に思われるでしょう。日本に一億二千万人の人がいます。世界には五十億人の人がいます（当時）。なぜ、これだけの人がいるのか。それぞれ顔つきも違い、背丈《せたけ》も違い、考え方も違う、言語も違う。こんな人が、なぜこれだけいるのか。こんなにいる必要があるのか。そして、会う人ごとに自分と意見が違う。これはなぜなのだろうか。

こんなことをお考えになることがあると思いますが、他人《たにん》の存在というものは、単に存在しているというだけではないのです。他人の存在は、みなさん自身を教えるためにあるということなのです。他の人を見ることによって、自《みずか》らが何者であるのかを知ることができるのです。

もし、生まれつき孤島《ことう》で育って、まるでロビンソン・クルーソーのように生きていたとすれば、自分が人間であることが何ゆえに分かりましょうか。分からないのです。自己の認識ができないのです。

この意味において、もちろん、動物・植物があるということもありがたいことです。動物があることによって、動物と人間とが違うことが分かる。そして、人間とは何者であるかが分かる。また、他の人の存在によって、自分とは何かということが初めて分かる。大事なことです。自分を知るということは大事なことです。

そして、これは、考えてみるならば、動物にはない面かもしれません。ここが、実は、人間の人間たるところかもしれません。「自他の違い」を知って、そして、確実な自己認識ができるということは、非常に大事な第一歩かもしれません。もし、人間と動物とを明らかに区別するものがあるとしたら、「自他の違いを知った上で、そして、他人を鏡として自分を認識する能力がある」ということかもしれません。

例えば、みなさんの家にも飼い犬がいるところがあるかもしれませんが、飼い犬に初めて鏡を見せたとしても、「これは鏡に映った自分の姿である」ということは、彼らは絶対に認識ができないのです。鏡を見て吠《ほ》え続けるでありましょう。もちろん、自分の姿を見たこともないのですから、分からないのです。他の存在、まったく未知なる存在があるとしか思えない。自分だということが分からない。自分を知ることもできないのです。この部分の認識がまだ十分にできていないのです。

そうすると、この犬などというような動物は、本当の意味での自分自身というものをまだ知っていないと思えるところがあるのです。

ところが、私たちはありがたいことに、他と自を勉強する機会が無限にあります。その無限の機会としては、例えば、こういう会場に二千数百人の方が集まっておられますが、他の人との出会いというのがその一つであります。出会いによってもたらされるものは何であるかというと、これは「経験」です。経験、これがあります。もう一つは、この出会いによる経験ではない、「知識」というものがあります。知識における認識の獲得《かくとく》、これがあります。

この「知識」と「経験」の二つが、実は、他を知り、自分を知るということの極《きわ》めて大事な根源になってくるのであります。

悟りの第二歩として、「他からの学び」を通して自分を知る

それゆえに、先ほど言いましたように、みなさんは、まず、自らの心のなかを振《ふ》り返って、核《かく》となる部分を、この真珠《しんじゅ》となるべき部分を発見したならば、次は、この真珠の分析《ぶんせき》をせざるをえないのであります。自らのこの固有の光を放つ真珠は、いったい、他の真珠と比べて、どういう輝《かがや》きを持っているのか。その大きさは、その形は、いったいどういうふうになっているのか。これを探究するようになってく

るのであります。

しかし、自らの真珠だけを見ていては、その本当の姿、本当の意味、本当の値打ちが分かりません。これは、他の方の真珠というものを見ていく必要があります。

すなわち、悟りの第二歩は、「他からの学び」ということになるのです。

悟りというものは自分固有のもので、自分だけが山のなかに籠《こ》もり、家のなかに籠もって得られればいいというふうに考える方もいらっしゃいましょうが、それは、ともすれば、野狐禅《やこぜん》というものになってしまうのです。自分の独《ひと》りよがりです。独りよがりの悟りというものになってしまいます。

しかしながら、本当のものというのは、やはり確かなものであって、確かなものであるということは、検証に堪《た》えるものでなければならない。検証に堪えるものとはどういうことであるかというと、「自と他の違いというものを明らかに知っている必要がある」「他と照らしての自分とは何かということを知っている必要がある」「自分固有の真珠とはいったい何であるか、これを知っている必要がある」ということです。

すなわち、私は言っておきたい。他人を見ることができない人、理解することができない人、分かることができない人は、自分も分かることはできない。それを言っておきたいのです。「自分だけの殻《から》に籠もり、自分自身が分かったらいい」と思うかもしれないが、その〝分かった〟と思う心は、すでに、もはや目《め》隠《かく》し状態に遭《あ》っているということを知らねばなりません。そんな自分固有のもの、自分だけで得られるものではないのです。

他の多くの人々の姿を見、考え方を見、その心のあり方を見ることによって、私たち人間は、いったい何のために、どのように創られているものか、そして、そのなかにおける自分の役割とはいったい何であるのかを知る必要があるのです。これを知らなければ、自分を知ったことには決してならないのです。

よいですか。そういうことを知らないということは、ちょうど、地面の上を試行《しこう》錯誤《さくご》しながら歩いているアリのような存在にしかすぎないのです。

みなさんも見たことがあるでしょう。夏ごろになりますと、アリが地面を一生懸《いっしょうけん》命《めい》に這《は》っていますが、上から見ていると、彼らは本当に行き当たりばったりです。石に当たっては曲がり、前に行ったり、後ろに行ったり、横に行ったり、あちこち動きながら進んでいます。残念ですが、その場その場でしか考えられないのです。

その場その場でしか考えられないというのはどういうことかというと、自分がいろいろなことに出合って、その途次《とじ》、その途中、その瞬間《しゅんかん》に感じたこと、考えたこと、そして、行動を取るということ以外の自分がないということなのです。「他から学んで行動を起こす」という観点がないのです。そういうことであるのです。また、自分が、今いかなる地点にあって、どういう地点に動いていこうとしているのか。その間《かん》にどのような障害物があるのか。こんなことを分からないのです。目先のことしか分からない。

ですから、自分一人が、自分一人の枠《わく》のなかで悟ればいいというふうに考えておられる方は、ちょうど、このアリのような人生観を持っている方だと言わざるをえないのであります。それは、一段高い立場より見ている人から見たら、まったく、かわいそうな存在でしかありません。自分の姿が客観視できないということ、他から学べないということが、どれほど惨《みじ》めなことであるか、この事例を見れば分かります。

悟りの本道を歩むには、常に「人間への関心」を持たねばならない

すなわち、大いなる悟りを得ていくための次なるステップというものは、「より高い立場の獲得」ということになるわけなのです。「より高い認識力の獲得」ということになっていくのです。

このための挺子《てこ》となるのが、他の存在と、他の存在から導き出されるいろいろな叡智《えいち》です。他人が存在することによって自分を知る。あるいは、他と自との、この間《あいだ》に起きる経験によって、どのようなものを得るか。そういうことなのです。

したがって、自分自身が本当に見えてくるために、まず、みなさんは他の人に関

心を持ってください。「他の人への関心を断《た》ち切ることが悟りへの道だ」と思う人もいるかもしれないけれども、残念ながら、それは本道ではない。悟りへの本道は、人間への関心ということを無視しては成り立たんということです。

他人への関心、これなくしての悟りへの道はない。なぜか。それは、私が日ごろ教えていますように、本当の悟りの道は、小乗《しょうじょう》から大乗《だいじょう》への道であります。自己確立から、他人へ愛を与《あた》える行動への、このプロセスであります。これが悟りの本道なのです。

それゆえに、この悟りの本道を歩んでいくためには、常に「人間への関心」というものを持たねばならない。他への関心を持たねばならない。

そして、「他への関心」は、決して、傍観者《ぼうかんしゃ》としての関心であってはいけないのです。

よいですか。単なる傍観者であってはいけない。単なる評論家であってはいけない。他への関心は、必然的に自分に返ってくるものでなければならないのです。

他を見ることについては、単に批評するためだけに見ているのではなく、他人の姿を見、その行いを見、心を見て、そして、自分自身はどうであるかということを振り返る材料とせよ。そう言っているのです。ここに、自己の向上の原理があるのだと言っているのです。

このプロセスを追究していくときにはどうなるか。それは、「自分を高める」ということと「世の中をよくしていく」ということが連結していく、連動していくということです。自分が高まれば高まるほど、他の人々の姿がよく見えてくるようになります。「なぜ、そういう行動を取るのか。なぜ、そういう考え方をするのか。なぜ、そういう結果になったのか」、これが分かってくるのです。この「分かる」ということは極めて大事なことなのです。

4　心の有段者となる

「総合的人間学」を獲得《かくとく》できていなければ、愛は与《あた》えられない

みなさんは、「愛」と「知」とをまったく別のものとお考えかもしれませんが、別のものではないのです。他人《たにん》が分からなくて愛を与《あた》えることは、本当はできないのです。それは、自分が愛だと錯覚《さっかく》しているだけかもしれません。いや、その行為《こうい》のなかには、愛だと見えることもあるでしょう。しかし、本当にその人が生かされてこその愛ではありませんか。本当にその人がよくなってこその愛ではありませんか。

それでは、なぜ、「そういう行為によって、その人はよくなる」ということが分かるか。

分かるためには、その基礎《きそ》が要《い》る。基礎とは何か。それは「人間学」です。人間に対する総合的関心です。「総合的人間学」を獲得《かくとく》できていなければ、本当は、愛というものは与えることができるものではないのです。それは、ともすれば偽善《ぎぜん》になってしまったり、自己欺瞞《ぎまん》になってしまったりします。

例えば、自分への罪悪感。これを持っている方は、このなかにも大勢います。このなかの数百、あるいは千人以上の方は罪悪感を持っておられます。

「自分はどこかで罪を犯《おか》した」という記憶《きおく》がある。後ろめたさがある。何か間違《まちが》いをしたことがある。「償《つぐな》えていない部分がある」という気持ちがある。この罪悪感から逃《のが》れたいがために、他人への愛と思《おぼ》しき行為をすることがあります。よく寄付して回ったり、献金《けんきん》して回ったり、奉仕《ほうし》して回ったり、あるいは年を取ってからいろいろな慈善《じぜん》事業に乗り出す人のなかには、こういう罪悪感のために動いている方が数多くいらっしゃいます。

しかしながら、それは、〝自分が救われたいがため〟にやっているのであって、本当は他の人を救うためにやっているのではない。「自分が救われたい。自分のこの重荷を外したい」、それがためにやっているのです。そうではないでしょうか。

そうしてみると、みなさんが漠然《ばくぜん》と愛の行為だと思っていることのなかにも、実は二種類あるということが分かるのです。

他人のためにやっているということを表面上は装《よそお》っていながら、その実、実際は自分のためだけにやっている人。これは数多いのです。

そして、もう一つの種類というのはいったい何であるか。それは、「動機」において、「思い」において、心底、他の人のためにならんとする心です。そういう行為です。

親切にしたいからするのです。自然に体が動く。自然に言葉が出てくる。ある意味では、まったくのお人好《ひとよ》しのように見えるかもしれませんが、人を愛するのが好きだから愛する。愛するのは自分の仕事だから愛する。こういうタイプの方もいらっしゃいます。ただ、数はそう多くはありません。まだ少ないでしょう。

しかし、結果的に見たならば、この両者はいったいどうであるか。「自分のために人を愛した人」と「人を愛するために愛した人」とでは、その結果はどうであるかというと、実は、まったく〝逆〟になってくるのであります。他の人のために他の人を愛する。こういう気持ちを持って生きた人のほうが、実は、本当の意味において、自分自身が高まってくるのであります。

それはどういうことであるか。みなさん、お分かりでしょうか。

〝自分が救われんがために〟他の人に何かをしようとしている人は、結局のところ、本当の意味において、ただもう「自分、自分」という言葉が中心になっているのです。そして、他の人からの称賛《しょうさん》というのは、それは、心を休める、気休めのための称賛であるのです。

ところが、常に〝他の人に与えたい〟という気持ちで生きている人、これはどういう人であるか。その存在とはいったいどういう存在であるか。そう考えてみると、これは、ある意味で、あの太陽のような存在であると言わざるをえないのです。無所得のままに、無償《むしょう》で与え続けている存在に近づいてきているのです。

こういう存在が、もし目に見えぬ世界にあるとしたら、これは神の心です。それしかありません。無償のままに、無所得のままに与え続けて、止まらないもの。こういう存在があるとしたら、これは神であり、神近き存在であるということなのです。本当はそうなのです。

「無限に与え続けることができる」ということは、これは非常に大切なことなのです。うれしいことなのです。実は、与えることができるということ自体が、一つの喜びであるのです。これは喜びであるのです。

この喜びは、極《きわ》めて高次な喜びであるのです。この喜びを真に知ってしまうと、地上的な喜び、快楽の喜びのようなものは、次第《しだい》に失《う》せてきます。そんなものでは心は満足しなくなるのです。

自分のこの限られた一日の二十四時間、限られた数十年の人生のなかにおいて、どれだけの人に、自分は愛を与えることができるか。

愛を与えるということが抽象《ちゅうしょう》的に聞こえるならば、どれだけの人たちを生かし切ることができるか。

夢を与えることができるか。生きがいを与えることができるか。

「生きていてよかった」と言ってもらうことができるか。

そういうことです。

「今世《こんぜ》生きていてよかったな」「命があってよかった」。そういう気持ちにさせてあげることができるかどうか。

愛を与《あた》えることで、自分の隣《となり》にある地獄《じごく》を消すことができる

この行為は、結局、こういうことなのです。

みなさんは、私の本を読んでおられるならば、天国と地獄《じごく》の話もご存じでしょう。

そして、この天国と地獄というのは、地上を去ったとき、地上を去った瞬間《しゅんかん》から始まるものだとお考えでしょう。

しかしながら、天国・地獄は、あの世の世界にあるのではなくて、実は、この世の世界のなかにすでにあって、その延長にしかすぎないのです。

今、ここに二千数百人の方がいらっしゃるが、このみなさんは、それぞれの場所において、天国・地獄をつくり出しているのです。同じ空間のなかにあり、同じく座席を共にしていながら、そこに天国をつくっている方と、地獄をつくっている方が必ずいるのです。みなさんは、自分がどちらかは知らないでしょう。知らないほうがいいのですが、知らないと思います。それで結構なのですが、確かに、現時点でどちらかをつくっているのです。

これは非常にはっきりしています。ちょうど、秤《はかり》の分銅《ふんどう》のようなものであり、そう簡単に右と左は釣《つ》り合わないのです。必ずどちらかが重くなります。天国的か地獄的であるか、もうはっきりと出てきます。

そうしてみると、先ほど、「他の人に与《あた》える」という話をしましたが、他の方に「生きていてよかったな」、あるいは「命があってよかった」と思われ、夢を与え、理想を与え、生きがいを与えることができたということはどういうことかというと、その人たちは、今まで分銅が重くてグッと沈《しず》んでいたかもしれないところを、この重りを取り去ることができたということです。結局、そういうことなのです。そして、(天国のほうへ)上がってくることができたということになります。

すなわち、現在ただいまのなかで、一つの地獄が消えたのです。

いいですか。みなさんは、今、生きながらにして、自分の隣《となり》にある地獄を消すことができるのです。可能なのです。この作業のことを「愛を与える」と言っているのです。

それぞれの人は、その分銅の重みによって沈んでいるのです。平均以下のところまでググググッと落ち込《こ》んでいます。この分銅が重くて下ろせないのです。自分の力では下ろせないのです。これを何とかして取りたいのだけれども、取れないでいる。こういう人が大部分なのです。

そうした他の人の存在を、その考えを、思いを知ることができて初めて、この重りを取ることができる。

その人が何ゆえに悩《なや》んでいるのか。どういう問題を抱《かか》えているのか。どういう接近の仕方、どういう働きかけをすれば、この人の心は軽くなるのか。悩みは軽くなるのか。これが分からない人にとっては、この〝分銅を取る〟ということはできないのです。よいですか。

そして、〝分銅を取る〟ことができるということ、「それだけ多くの人の心を軽くすることができる」ということは、その人自身が、実は、「人生の達人」になりつつあるということです。そうではありませんか。

一定以上の打率を残せる「自己確立」の訓練が「利他行《りたぎょう》」につながる

みなさんが地上を去るときに持って還《かえ》ることができるものが、みなさんの心しかないとするならば、「心の有段者」となる以外に、いったい何の目標がありましょうか。そうではありませんか。そういうことなのです。

どれだけ多くの人の心を軽くすることができたか。その実力というのは必ずあるのです。「心の黒帯」と言ってもよい。この実力はあるのです。

そのことを、みなさんはまだ十分には知らないけれども、実際上、神の目から見たならば、それぞれの人間には実力というものがあるのです。黒帯があるのです。初段、二段、三段、四段、五段とあります。帯があるのです。そして、その人はそれだけの力があるのです。いろいろな人と日ごろ接しているなかで、それだけの仕事を知らず知らずのうちに果たしているのです。

会社であれば、営業マンであるとか、いろいろな仕事があるでしょう。優秀《ゆうしゅう》な営業マンであれば、毎年毎年、一定の結果を出すことができます。セールスマンでもそうです。優秀なセールスマンというのは、なぜか一定の結果を出すことができます。優秀ではないセールスマンは、やはり、そこそこの成績しか出せません。

野球のバッターでもそうです。三割バッターというのは、そう多くはいません。彼らはシーズン中にスランプに陥《おちい》ることがあったとしても、シーズンを通してみると、やはり三割を打つようになってきます。それだけの実力があるのです。

心のなかにおいても、心の世界においても、やはり二割バッターもあれば、三割バッター、四割バッターというのはありうるのです。この打率を上げることを、「悟《さと》りが上がっていく」というふうに言い換《か》えることもできるのだと思うのです。

この悟りの世界における「自己確立」というのは何かというと、ちょうど今、野球の例が出ましたから、野球で話をするとするならば、選手が練習に励《はげ》んで、素振《すぶ》りをするなり、球《たま》の球種を見分ける訓練をするなり、相手投手の研究をするなりして、一定以上の打率を残せる力を持つということです。このような打者になる訓練、これが「自己確立」です。

その結果、どういうふうになるかというと、優秀な成績を収めることができるようになります。ここ一番のところでホームランを打つ、ヒットを打つ。そうすると、どうなるか。観客は喜びます。観《み》ていて面白《おもしろ》い。そして、チームの人たちも喜びます。こういう結果が出てくるわけです。優秀なプレーヤーが出てくると、ゲームが面白くなって、ファンが増えてくる。

野球というものの存在意義は、そもそもどこにあるかというと、ある意味で、多くの人たちに心の安らぎを与え、喜びを与え、そして、楽しみを与えるというところにあるのです。そういう性格でやっていますが、まさしく、そうした野球の世界における利他行《りたぎょう》というものが行えるわけです。「自己確立」は同時に「利他行」になっています。

また、攻《せ》めるほうだけがいいのかといえば、そうではありません。今度は、投手としての能力を上げるということもあります。

一シーズンで、十五勝、二十勝という成績をあげる投手が出る。そうすると、相手のチームは打てないから、さぞ野球が暗くなるかといえば、そうではありません。それだけビシビシと剛速球《ごうそっきゅう》を投げる投手が出ると、やはり、みんな観ていても、それなりに面白いわけです。「大したものだ」ということになる。打つほうでも守るほうでも両方そうです。優秀であれば、それだけの成果を出し、多くの人を引き込むことができる。魅了《みりょう》することができる。

多くの人に喜びを与《あた》えるためには〝心の世界の名選手〟が必要

今、野球という世界を例に取りましたが、日々、私たちの職場において、あるいは家庭において、それ以外の地域社会において、同じような〝心の世界のゲーム〟が展開されているのです。

そして、そこで今、必要とされているのは、有力な三番バッターであり、四番バッターです。そして、エースの存在です。そういうピッチャーが欲《ほ》しいのです。あるいは強肩《きょうけん》のキャッチャーが欲しい。素晴《すば》らしい一塁手《いちるいしゅ》が欲しい。三塁手が欲しいのです。外野手は足が速い人が欲しい。盗塁《とうるい》の上手な人も欲しい。みんな欲しいのです。いいですか。

このように、本当に多くの人に喜びを与《あた》えるためには、心の世界においても、〝名選手〟がいっぱい出なければならないのです。

この「名選手とは何か」の基準は、そこそこに難しいものがあります。

野球でも名球会というものがあります。生涯《しょうがい》でヒットを二千本以上打ったとか、あるいは、投手で言えば二百勝以上したとか、こういう条件があり、さまざまに違った選手が一定の秤にかけられて、それ以上であれば資格を与えられます。こういうものがありますが、みなさん自身、それぞれ特徴《とくちょう》が違います。性格も違います。各自の才能も違います。違った性格、違った才能、違った知能、違った体力、それぞれ持ちながら、一定以上の名プレーヤーの基準というものが、やはりあるのです。これを測る必要がある。

この名プレーヤーの基準というものはいったい何かというと、打者であろうが、投手であろうが、あるいは代走で走る人であろうが、やはり、一定以上の競技レベルのプレーを見せて、そして、観客たちを楽しませた、喜ばせた、「あの選手がいたので面白かった」と言わせたような〝名選手〟であったということです。

そうすると、これを平凡《へいぼん》な人たちの世界に持ってくるとどうなるか。その人がいることで、例えば職場がいったいどうなったか。これも一つの基準です。

その方がいることによって、職場がどうなったか。職場が非常に明るくなった。これも結構なことです。面白くなった。結構です。

あるいは、仕事の能率が非常に上がって、みんなが喜んでいる。結構です。あるいは業績が上がった。これでも結構です。

そのようにいろいろなやり方があるでしょうが、少なくとも、自分のポジションが何であるか、それをまず心得《こころえ》ること。キャッチャーか、一塁手か、二塁手か、三塁手か、あるいはバッターとして優秀なのか。こういうポジションというものを心得て、あとは、一生懸命《いっしょうけんめい》にプレーをすることです。素晴らしいプレーをすること、これが大事なこととなってくるのです。

世の中をよくし、人々の心を明るくしていけるプロの道がある

私が今言わんとしていることの意味が何であるか、分かりましょうか。それは、

こういうことを言っているのです。

まず第一に、「悟りは核《かく》の発見から始まる」という話をいたしました。

まず、みなさんの内にある核の部分、光っている部分、これを発見することから始まるのだ。この自《みず》らの内なる光、この真珠《しんじゅ》の部分を発見したら、それだけで満足してはいけない。今度は、他の人というものを知らなければいけない。いろいろな人のことを知ることが大事です。いろいろな人のことを知って、自分をもう一回確認してみる作業が必要です。そういう作業を通すことによって、他人を知って、他人に与えるという素晴らしい行為ができてくるのです。こういう話をしました。

そして、その次の段階があるということを言っているのです。

その次の段階とは何か。「心の世界の有段者の世界がある」ということを言っているのです。「プロになる道がある」と言っているのです。一定以上の実力を持って、世の中をよくしていき、人々の心を明るくしていける。そういう道があると言っているのです。

すなわち、単に自分への関心、自己の内部の発見から始まった旅は、次に他人の世界へ行き、そしてまた、自己の世界への逆照射、これによって、人類あるいは人間世界というものの研究に進む。

さらに、そうした自己の確立と他の世界の認識をもとにして、次は「実際に、具体的に世の中を変えていく、人々を明るくしていく、素晴らしくしていく道へ入っていかざるをえないのだ」と言っているのです。

そして、そのときには、〝プロ〟としての力が、みなさんには必要です。「そんなアマの草野球ばかりしていては駄目《だめ》です」と言っているのです。

「どうせ選手をするならば、スカッとするような競技をしなさい。三番バッター、四番バッターとなりなさい。エースとなりなさい」と言っているのです。野球の世界では勝ち負けがあるかもしれませんが、〝心の世界〟においては、そうではないのです。みんなが頑張《がんば》れば頑張るほど、素晴らしくなってくるのです。

あえて勝ち負けというのがあるとすれば、確かに、ある面ではあるとも言えます。

みなさんご存じのように、本当は、地獄などというものは、もともと神によって創られたものでもないし、歓迎《かんげい》されているものでもないけれども、一時的に、心の誤った人たちが「地獄」という世界に堕《お》ちている姿があります。それは、〝一種の病気〟であると考えてもいいと思いますが、確かに、数十年、数百年の間、地獄という世界で苦しんでいる方がいらっしゃいます。彼らのうちには、地獄にいることに満足できなくて、苦しさから逃れたくて、地上に出てきている人がいます。そして、地上にいるみなさんに憑依《ひょうい》したり、いろいろなことをして、その人たちに災《わざわ》いを起こしたりしている人たちがいることは事実です。

これを、私は〝敵チーム〟とは考えたくはありませんが、あえて考えるとするならば、そういうことでもあるかもしれません。彼らを仮想の〝敵チーム〟と考えるならば、得点をあげ、いい守備をし、いい攻めをすることによって、こうした〝地獄領域を減らすというゲーム〟を、私たちは今やっているのだと、このように考えることも可能でありましょう。

5　ユートピアを増進するための「積極的な反省」へ

心の達人、人生の達人になってきたと思うこころに一つの魔境《まきょう》がある

さて、今、「地獄《じごく》」という話が出ました。「地獄霊《れい》」という話も出ました。これについても考えておいてほしいのです。それは、決して他人事《たにんごと》ではないのです。

はっきり言うならば、ここには二千五百人ぐらいがいますが、線を引いてみて、どこまでが地獄に入るかを考えてみるとします。（会場の三分の一ほどを指しながら）ここからこっちが全部か、（会場の中央を指しながら）ここまで入るか。それは分かりませんが、平均打率でいくと、だいたい真ん中あたりでどちらかになります。どちらかが地獄に行くのです。他人事《ひとごと》ではないのです。半分ぐらいは行くのなら、行くかもしれません。そうでしょう？　違《ちが》いますか。「（係の）腕章《わんしょう》を巻いてい

たとしても助かりません、分かりませんよ」。そういうことなのです。分からないのです。

それは、私も個人個人のものを判定しているわけではありませんから、何とも言えないのです。ビデオを撮《と》っていたって分からないのです。それは、どうなるかは分からない。それだけあるのです。決して他人事ではないのです。自分自身の問題なのです。

そして、悪霊《あくれい》というものの存在を見て「嫌《いや》だな」と思ったり、「彼らを救ってやらねばならん」などと思ったりしているでしょうが、自分自身がその候補生であることも、そうとうあるということです。そのときに、さあ、どうする。これを考えねばなりません。

そうしてみると、今言ったように、次第《しだい》しだいに、心の達人、人生の達人になって、多くの人を指導できるようになってきたと思うところに、一つの魔境《まきょう》があるということです。気をつけなければいけない。

「自分はもう完成した」と思ってしまうことがあるわけです。「自分はもう出来上がっている。だから、他人《たにん》の悪いところだけは注意して、直してやろうとは思うが、自分自身が間違うなんていうことはあるはずがない」。こういう気持ちになってくることがあるということです。ある程度以上のレベルに来たときに、〝危険な世界〟が始まってくるのです。いいですか。「自分だけは別の世界の人間だ」、こういう気持ちになってくることがあります。

プロの世界でもそうでしょうが、ここがやはり一つの難しい部分だろうと思います。

一定以上の勝率をあげていても勝ち続けることができないように、あるいは、どんな名プレーヤーでもスランプというものがあるように、やはり、〝危険な時期〟というものがみなさんにもやって来ます。周りの人と接して、いろいろな効果をあげればあげるほど、また、そういう目立った奇跡《きせき》が起きたり現象が起きてきて、みんなの称賛《しょうさん》が自分に集まり始めたときほど、気をつけねばならないことがある。

最初に述べましたように、「自分もまた一個の人間であるのだ。一人の人間であるのだ」という視点を忘れてはならないのです。これを忘れたときに、大きな間違いが始まってきます。

自分は超《ちょう》高層エレベーターで昇《のぼ》っているつもりであったのに、このエレベーターが、どこで誰《だれ》がボタンを押《お》したのか、今度は急に下向きに落ち始めているのです。昇っているものだと思ってジーッとしていて、「ああ、天国に着いた」と思って出たら、〝真っ暗だった〟ということがあるのです。これを気をつけねばいけないのです。そういうことはあるのです。そういう方は多いでしょう。

心の世界というものに気づいているかいないかは知らないけれども、世の中で〝偉《えら》い〟と言われる方々のなかには、そういう方が極《きわ》めて多いのです。そういう立場を与《あた》えられ、指導をしてきた人は、「自分がまさか」と思っています。その「まさか」がいちばん怖《こわ》いのです。

今も政治家たちが（未公開株譲渡《じょうと》で）たいへん問題を起こしています。彼らがどうなるかは死んでみないと分かりません。「まさか」のうちに入るか入らないかは分かりませんが、やはり、〝危険な領域〟にあることは事実です。

こういう、国を挙《あ》げての事件が起きたときに、どういう姿勢でそれを乗り切るか。やはり、それは一つの試《ため》されているときでありましょう。

ある程度、功成《こうな》り名《な》を遂《と》げた方であっても、そうした魔境に遭遇《そうぐう》したときに、これをどう乗り切るか。乗り切れなければ、それまでです。これは堕《お》ちていきます。乗り切ることができれば、一段とまた磨《みが》きがかかって、さらに大きな仕事ができるようになるでしょう。

同じことです。単に心の修行《しゅぎょう》だけで生きている人にとっても、まったく同じことが言えます。みなさんがある程度以上の実力になったときに、これが次に危険になるのです。

人々を生かし、悟《さと》りの本道を歩むための「八正道《はっしょうどう》」とは

では、どうするかということです。ここでもう一度、「反省」ということの意味を考え直してほしいのです。

反省には、初期において、自分自身のなかにある真珠《しんじゅ》を見つけるための反省もありました。また、反省のなかにも、他人との関係において生じてくる反省もありました。

さらに、もっと要求するならば、「他人をもっと救うことはできなかったか」「生かすことができなかったか」という、ちょっと欲が深いですけれども、大きな積極的反省というものがあります。

第一の、自分自身の内部の光を見つめる反省、第二の、他人との関係を見る反省。これは、どちらかといえば消極的な反省です。マイナスのところがないかどうか。これを点検していくことになりますが、その次に、〝人を生かす〟という段階にな

ると、積極的反省というものが始まります。「自分は、なさないということに対する間違いが何かあったのではないか」ということです。

みなさんは、「自分がなしたことに間違いがないか、言ったことに間違いがないか、思ったことに間違いがないか」という、こういう、どちらかといえば消極的反省を中心にされてくるはずですが、その次の段階に来ると、積極的反省というものが始まります。「自分は、本当はできる機会があったにもかかわらず、こういうことをしなかったのではないか。こういう思いを出すことができたのに、出さなかったのではないか。あの人にこういうことを言ってあげることができたのに、言わなかったのではないか。あのチャンスにこうすることができたのに、しなかったのではないか。もっとこうできたのではないか」というふうに、もっともっとユートピアを増進するための、こういう「積極的な反省」というものもあります。

ここまで来ればそうとうなものですが、このあとで、やはり、もう一度、自分に磨きをかける段階が出てまいります。

今度、『真説《しんせつ》・八正道《はっしょうどう》』という本が出ます。これは、私が東京の道場で反省の講義を四回したものがもとになっています。この八正道の反省が本当にできるためには、実は、今言ったような、他人に積極的に愛を与えるところまで経験していないとできないのです。本当はそこまで経験しないとできないのです。初期の段階で八正道ができるかといえば、本当はできないのです。

八正道のマスターというのは本当はどうかというと、私たちの世界で言えば、六次元の上段階という阿羅漢《あらかん》の世界がありますが、この阿羅漢から菩薩《ぼさつ》に入っていくために、この八正道というのはまずマスターされなければいけないのです。悟《さと》りの本道においては、これをマスターしないと上がっていけないのです。どうしても、この八正道が必要となってきます。

そこではいろいろな要素があります。みなさんは、専門的な目でもって、自分自身を点検していかねばならなくなります。

『真説・八正道』（幸福の科学出版刊、復刻版）

まず、「正見《しょうけん》」というものがあります。「正しく見たか」。これはものすごく難しいことです。

「正しく見たか」というときの「正しさ」というものを知るためには、今言ったように、まず、自分自身の内部の光の発見、それから、他人を見る目を養うということ、それと、積極的に世の中をユートピアに変えていこうとする、こういう経験があって初めて、そのダイナミクスのなかで、「正しさとは何であるか」ということが見えてくるのです。自分の殻《から》だけに籠《こ》もっていたら、この正しさは見えてこないのです。そういう実体験を踏《ふ》み、世の中を知り、自分を知り、他人を知って、初めて、正しさというものが見えてき始めるのです。これは、そういう実体験の裏打ちがなければ、そう簡単には見えないのです。正しく見るということはできないのです。

同じことは、「正しく語る」ということでも同様に言えます。

正しく語るということができないからといって、一日に一言《ひとこと》も話すことなく面壁《めんぺき》していればいいかといったら、そんなこともないのです。正しく語るということは、積極的要素としては、世の中を変えていくための力になるのです。そうでしょう。会った人を喜ばせ、彼らに愛を与えるためのいちばんの力の一つは「言葉」です。そうではありませんか。

家庭の崩壊《ほうかい》、不和、葛藤《かっとう》、これなどはすべて言葉が原因です。ほとんどそうです。言葉です。言葉によって、この間違いにおいて、家庭は崩壊していきます。ならば、逆もありえるはずです。言葉によって、素晴《すば》らしい家庭の建設だって可能なはずです。それは必ずそうです。反省するならば、簡単なことです。

「今、夫婦《ふうふ》不和で悩《なや》んでいる」と言うが、自分は夫を、あるいは妻を、いったいどれだけ素晴らしいものとして扱《あつか》ったことがあるか。そのような言葉を出したことがあるか。

ご主人は今、病床《びょうしょう》に就《つ》いているとして、「自分は死ぬ」「今日限りで命がなくなる」と思って、そして、奥《おく》さんのことを思い出してみたら、結婚《けっこん》してからこのかた、自分がどれだけ優《やさ》しい言葉をかけてあげたかを振《ふ》り返ってみてください。

足りないことがいっぱいです。「もっと出すことはできたか」と言えば、できたはずです。それは毎日でもできたことなのです。毎日と言わず、朝昼晩とできたことなのです。しかし、しなかった。そういう自分があります。いいですか。

6　純粋《じゅんすい》な「愛の世界」に入るために

「今日、命が終わる」と思って過去の自分を振《ふ》り返る

このように、「正見《しょうけん》」から始まって「正思《しょうし》」、「正語《しょうご》」、また「正業」、「正命《しょうみょう》」と、いろいろな「正しさ」というものを探究する八正道《はっしょうどう》がありますが、これを、みなさんに簡単な技法で、今、お教えするとするならば、「今日、命が終わると思ってください」ということです。

今日、みなさんの命が終わるとして、
自分の過去の人生を回想してください。
また、自分に縁《えん》のあった人と自分との関係というものを、

振《ふ》り返ってください。
今日、命がなくなる。
今日、自分は地上を去る。
そのときに、自分をどう見るか。他の人にどうするか。
そのときに、涙《なみだ》が溢《あふ》れてこなかったら、人間じゃないです。
いいですか。
そのときに、「今日死ぬ」と思って自分の過去を振り返ってみて、
涙が出てこなかったら、
いいですか、人間としては、かなり干《ひ》からびた、
砂漠《さばく》のような人生を生きてきたということです。
熱い感情もなく、涙もなく、感動もない、
そんな生き方をしてきた、
そういう自分であるということを知ってください。

振り返って、涙の一滴《てき》も出ないなら、
そんな人間であるということを知ってください。
それは、みなさんがどんな地位にあろうとも、
どんな年収があろうとも、
まだまだということです。
本当の人間になっていないということです。
砂漠のような不毛の人生を生きてきたということです。
そのことをもう一度振り返ってみてください。
いいですか。
人間としてなすべきことがいったいどこにあるのか。
それは、老いと若きを問わず、男女を問わず、必要なことであるのです。
今日、来られたみなさんも、
簡単なことですから、家に帰られて、一人静かに思ってください。

現在ただいま死ぬとして、
過去の自分の人生、
両親、妻、子供、友人、先生、こうした人のことを思い出して、
自分自身の過去の歴史というものを知ってみてください。
そのときに、まず涙が流れなければ、本物ではないし、
本物というよりも、「人間ではない」と、私は言っておきます。
本当の人間じゃない。涙が流れないようであるならば。
この三次元の塵《ちり》や垢《あか》にまみれたところにいて、自分のその姿が見えないならば、
本当の人間ではない。まだ人間になっていない。
そう私は言いましょう。

「法雨《ほうう》」という名の雨に打たれなければ愛の世界には入れない

そして、できるならば、この八正道の八つの道を順番に考えてください。

「正しく見る」「正しく思う」「正しく語る」「正しく行為をする」「正しく生きる」「正しく道に精進《しょうじん》する」「正しく念じる」「正しく定《じょう》に入《い》る」。いろいろありますが、これらについての説明は、すでに私もしてあるはずです。これを一つひとつ振り返ってみてください。そのときに、自分が最初に反省の入り口にあったときよりも、もっともっとはるかに多くのことが分かるでしょう。

そうして、この地点で、もう一度、心の塵や垢を落とし、自分の過去の悪かったこと、あるいは悪い思い、こういうものを取り去って初めて、次なる菩薩《ぼさつ》の世界に入っていけるのです。それが本当の愛の世界です。

愛の世界に入るためには、「法雨《ほうう》」という名の雨に打たれなければ駄目《だめ》です。法雨を流さないで、愛の世界には入れません。自分の回りについた、そうした間違《まちが》った想念や思いを取り去ることなくして、純粋《じゅんすい》な愛の世界に入っていくことは、決してできないのです。

その道は、決して、みなさんだけに説かれていることではありません。幸福の科学で、すでに幹部をしていたり、講師をしていたりする人たちも同じです。彼らも日々、そうした、自分自身を振り返る心を持たないでは、本当の人間として生き続けることはできないし、真の菩薩になることもできないのであります。

その道を、私もまた、日々、歩んでおります。

このようなかたちで、今、みなさんの前で偉《えら》そうに話をしているかもしれませんが、私自身、自分の生き方を振り返ることなくして過ごしたことは一日もないのであります。それは、今もです。

今日も演壇《えんだん》に立っておりますが、演壇に立つ前に、朝から、やはり、自分自身の姿というものを八正道に照らして考えていたのであります。

ともすれば、自分が間違った行いさえしていなければ、それでいいと思いがちであるが、今日、九州の地で初めて、二千五百人の方が集まられて、こういう講演会が開けるということは、私自身の力では決してないのであって、この講演会を成功させるために、どれだけ多くの人が目に見えぬ努力をされたかと思うときに、私の目からは涙が流れてくるのであります。

みなさん、今日は本当にありがとうございました。共に、今後、頑張《がんば》っていきましょう。

第4章

多次元宇宙の秘密

一九八九年五月二十八日　説法《せっぽう》

兵庫県・神戸《こうべ》ポートアイランドホールにて

1　自《みずか》らの心の秘密を知ることからすべてが始まる

人間の本質は「握《にぎ》れば一点」となり、「開《ひら》けば宇宙大」となる

今日は四千人近い方がお集まりだと聞いております。しかし、四千人という数は、私たちが今後目標としているところの大きな運動から見たならば、ほんの芥子粒《けしつぶ》のような小さな人たちの集団にしかすぎません。

私たちは、是《ぜ》が非《ひ》でも、今回、この幸福の科学の運動によって、日本はもとよりのこと、全世界に、新たな真理の力を、光を、情熱を広げていかねばならないのであります。

講演に先立ちまして、みなさまに求められている、その自覚と決意の大きさを、その責任の重さを感じていただきたいのです。

四千人のみなさまに五十二億人の世界の人々（説法《せっぽう》当時）の運命が担《にな》えるかどうか。それは、みなさまがたの今後の活動いかんにかかっていると思います。

私は、すでに過去三年の間に、七十冊に余る書籍《しょせき》を出し、また、数多い講演活動を続けてまいりました。今年は前半だけで四十四回ほどの講演・講義をこなす予定になっています。

しかし、いくらやってもやっても、まるで、小さなスプーンであの大海の水を汲《く》み尽《つ》くそうとしているかのごとき無力感に打たれることが多いのであります。

私たちは、今、私たちが求め、また世界に提示しているところの、この「大きな宇宙観」、これが本物であることを証明するためには、それだけの大きな心構えと、また「外的な宇宙構造」に対比するだけの「内なる宇宙」を持たねばならないのであります。

「みなさんの一人ひとりの心のなかには、生きている人間の意識ではとうてい知りえないほどの巨大《きょだい》な世界が、空間が広がっている」ということを、折に触《ふ》れ、私は語ってまいりました。

例えば、『新・心の探究』（前掲《ぜんけい》）という書物のなかでは、人間の心を「タマネギ型」の構造のように説明したこともあります。

しかし、みなさんはそうした説明を読んだとしても、まだ、その目で、その指で感じ取れる範囲《はんい》での、物質的なる、物理的なる心の諸相を感じ取っているにすぎないと思うのであります。

私は、かつて、こういう言葉も使ったことがあります。

「人間の本質は『握一点《あくいってん》・開無限《かいむげん》』である」と。「握《にぎ》れば一点となり、開《ひら》けば無窮《むきゅう》となる。それが人間の本質である」、そういうふうにも語ったことがあります。その意味が分かりますか。

ここで「人間」と言われているのは、今、目の前に座《すわ》っているところの、みなさんがた一人ひとりなのです。みなさんがた一人ひとりが、自《みずか》らの本質について、「握れば一点となり、開けば宇宙大となる」という説明を受け入れることができますか。それが分かりえるという自信がありますか。

これを知るということが、人間として、今世《こんぜ》、地上に生きていることの最大の悟《さと》りでもあると思うのです。

この本当の意味が実感としてつかめたときに、「自らの内なる宇宙の探検であるところの悟りの探究」と、「自らの外なる世界である、このわれわれを取り巻くところの多次元宇宙の探究という、外なる探究」、すなわち、この「内なる探究」と「外なる探究」がまったく違《ちが》った方向に向かっているにもかかわらず、最終点において一致《いっち》するのであります。

「自分を知る」とは、世界を知り、神を知るということ

私たち幸福の科学の教えでは、人間としての「正しき心の探究」ということを常々唱えています。そうして、教えの始めとしましては、「内から外へ」「小乗《しょうじょう》から大乗《だいじょう》へ」という話もしてまいりました。「内を固める、その心の動き」と、「外を認

め、外を探究するという、このベクトル」とは、まったく違うように理解されてきた方が多いであろうと思います。

しかし、本日、私がみなさんに申し上げたいことは、「この内なるベクトルと外なるベクトルとを融合《ゆうごう》せよ。一つとせよ」ということです。「これは別なるものではないのだ」ということを知れ。そう申し上げているのであります。「自分を知る」ということは、「世界を知る」ということです。「自分を知る」ということは、「神を知る」ということです。「神を知る」ということは、「神の創られた世界を知る」ということです。そして、すべてが明らかとなってくるのであります。

本日の演題である「多次元宇宙の秘密」を、私は決して、宇宙空間にある、地球の外にある、そうした世界として説明しようとは思っていないのであります。「みなさんが自らの心と考えていた、その小さな空間の本当の秘密を知っていただきたい。ここからすべてが始まる」と言っているのであります。

それは顕微鏡《けんびきょう》的な作業かもしれないが、その顕微鏡的な作業が、やがて望遠鏡的な作業となって、すべてを知ることにつながっていくのであります。

2　感謝に出発した愛から、無償《むしょう》の愛へ

愛は知識や理念のみでは断じて分からず、必ず実践《じっせん》を必要とする

過去二年余り、私は、主として、みなさまに阿羅漢《あらかん》となるための悟《さと》りの方法論を語ってまいりました。代表的な話としては「悟りの原理」の話がありましたし（『幸福の科学の十大原理（上巻）』〔前掲《ぜんけい》〕所収）、また、昨年度の「反省の原理」の話もありました（『幸福の科学の十大原理（下巻）』〔前掲〕所収）。阿羅漢の境涯《きょうがい》に到《とう》達《たっ》し、さらに菩薩《ぼさつ》へと入《はい》るためのその心構えについて、多々話をしてまいりました。

本日の話は、この上なる境涯に入っていく、そのための話であります。すなわち、菩薩から如来《にょらい》に入っていくためのその修行《しゅぎょう》の方法と、心のありようを語りたいと思うのであります。

第一回の講演会（「幸福の原理」）でも、「みなさん、阿羅漢までは誰《だれ》でも行けますよ」という話をいたしました。そして、「それは今生《こんじょう》の努力で到達できるものである」ということもお話しいたしました。そして、この阿羅漢の状態から菩薩に入《い》るための難しさについては、『釈迦《しゃか》の本心』のなかでも述べておきました。

然《しか》り。この「阿羅漢から菩薩に入る」ということは、人間の魂《たましい》を得て修行を続けていく過程において、まず最初にして最大の関門であるのです。

この阿羅漢といわれる第一段階の悟りと、次なる段階の悟りであるところの、菩薩に入る悟りとの決定的な違《ちが》いはどこにあるかというと、自分というものが、「単なる自分のための自分ではない」ということが、本当の意味で納得《なっとく》できるということなのであります。

この言葉は分かりにくいかもしれませんが、違ったふうに言い換《か》えるとするならば、決して、「菩薩以上の世界においては、自分について、まったく関心もなければ、それを

『釈迦の本心』（幸福の科学出版刊）

どうこうする気持ちもない」ということを言っているわけではありません。あくまでも、個性が与《あた》えられている以上、菩薩であっても、魂は各個性に基《もと》づいた活動を続けております。

しかし、決定的な違いは、この個性ある自己を自分のものだと思っていないということです。自分の命が自分のものではないと悟っているということなのです。

この意味が分かりますか。

単なる道徳論で言っているのではないのです。

「自分の命が本当の意味において自分のものではない」

ということを知るということは、

自分の内に流れているところの、この血液が、血潮《ちしお》が、

はるかなる彼方《かなた》より、神の巨大《きょだい》な心臓から送り出されているものである、

ということを実感することなのです。

これが実感できないかぎり、
断じて菩薩の境涯に上がることはできないのであります。

それを一言《ひとこと》に、簡単に「無私《むし》なる奉仕《ほうし》の生活」と言う人はいるでしょう。
けれども、「無私にして奉仕の生活」の本当の意味が分かっているのか。
本当の無私とは何か、分かっているのか。
それをこそ私は問います。

「無私である」ということは、
決して、他人《たにん》と自分との間における、
人間関係の調整のためにやっているのではないのです。
「無私である」ということは「私《わたくし》を無くす」ということではなくて、
「自分が神の生命の一部である」ということを自覚する、
ここまで行かねば、これは本当の意味ではないということであります。

それが分かるためにはどうすればいいか、お考えになったことがありましょうか。

私は、「菩薩の世界は、基本的に与える愛の世界である。与え続ける愛の世界である。無償《むしょう》の愛の世界である」というふうに語ってまいりました。

そして、この愛というものが、「本質的に自分自身に本来備わったもの」だとして理解できるためには、人は長い経験というものを必要とします。知識によって、あるいは理念によってのみでは、愛は断じて分からない。愛が愛として独《ひと》り立ちするためには、必ず実践《じっせん》を必要とします。

それは、いったい何を意味しているか。「愛が実践を必要とする」とは、いったい何を意味しているか。それがお分かりでしょうか。

それは、私たちのこの限られた肉体、この小さな肉体のなかに限定され、規定されているところの、「何の某《なにがし》」という人間が、自分の枠《わく》を超《こ》えて自己を拡大しようとする動きそのものであるということなのです。

愛の本質は、真に神の子であるところの各人の自己発展にあります。各人の自己発展が単なるエゴイズムに発しているならば、これは「愛」と言わないことはもとよりであります。神の生命の一部であると自己を認識し、そうして、自己を発展させようとするがゆえに、これは素晴《すば》らしきものとなっていくのであります。

さすれば、みなさんのうちの多数の方々が、もし、われらが真理にすでに出会って、心の曇《くも》りを晴らし、阿羅漢の境涯に到達しているとするならば、これより後《のち》、みなさんの努力の目標は、この愛の実践行《ぎょう》を通じての自己の拡大にあります。

真の意味において自己を拡大し、拡張をするということは、すでにそれは聖なる使命の下《もと》に自《みずか》らがあるということなのです。

自己限定の殻《から》を破るとき、愛は熱き思いとなって流れ出る

さて、ここで、菩薩の境涯において必要な愛について、もっと詳《くわ》しく、私は語ってみたいと思います。

「愛とは何だか分かりますか」と、みなさんに問います。
愛とは何ですか。
私は今までに数多く語ってまいりました。
書いてきました。読みましたでしょう。そして、分かりましたか。
愛というのは、それは、みなさんの胸が熱くならなければ愛ではないのです。
口先ではない。頭で考えたことだけではない。
あるいは、表面だけ善とされているところの、
そういう行為《こうい》をなすことをもって愛とは言わぬ。
その思いを実現する過程において、みなさんの胸が熱くならなければ、
愛とは言わない。
熱くなるためには情熱が要《い》るのです。
この情熱の根源は何であるかといえば、

自己の魂の殻《から》を打ち破ることによってほとばしり出てくるエネルギーです。
自己の殻とは自己限定です。
自分を有限なるものとして、有限なる人間として規定してしまうところの、
生まれてからこのかたの教育や環境《かんきょう》や思想、こうしたものです。
あるいは既成《きせい》の観念です。こうしたものがみなさんを縛《しば》っています。
この縛りを解いて、この殻を打ち破り、
無限のエネルギーを解き放ったときに、
愛は熱き思いとなって流れ出るのであります。
「この行為をすることがいいことだから、したほうがいい」とか、
「これはそれほどよくないから、しないほうがいい」とか、
こんなことを心のなかで考え、
逡巡《しゅんじゅん》しているようでは、そんなものは愛の名に値《あたい》しない。
もっと根源的なるものです。

もっと底深くから出てくるものです。
もっと力強いものです。
もっと深いところから出てくる力です。

その力が出てくるためには、
「自分がどれだけ生かされているか」を知る必要があります。
「感謝なき人には愛が分からない」。そう言ったことも、私はあります。
自らの過去を顧《かえり》みて、「人を愛したことがない」と思われる方は、
同時に、人に感謝をしたこともないでしょう。
あるいは、人と言わず、天地に、万物《ばんぶつ》に、
そして、大いなる神仏に感謝したことがないでしょう。
「感謝」と「愛」とは表裏《ひょうり》一体《いったい》です。
「自らが多くのものを与えられ、生かされている」

ということに気づくということは、

「自らが何をなさねばならぬか」ということを導くことになるのです。

感謝に出発した愛こそが無私のものとなり、

無償のものとなっていくのです。

「神の心に適《かな》う愛」を与《あた》え続けるために必要な「八正道《はっしょうどう》による軌道《きどう》修正」

しかし、今語ったところの、この愛の実践、それは、みなさんの人生のさまざまな岐路《きろ》において決意を新たにすることによって、実践することは可能でしょう。ただ、それは長い年月のうちに変色し、歪曲《わいきょく》されていくことがあります。このために、必要な方法として出されているものが「八正道《はっしょうどう》」なのです。

『真説《しんせつ》・八正道』という本を出しましたが、これは永遠の真理です。この八正道が導くところの反省は、決して愛から離《はな》れたものではなく、われらが常に「神の心に適《かな》う愛」を与え続けるために、この八正道によって自らをチェックし、そして軌《き》道《どう》修正する必要があるのです。

よって、菩薩の修行の第二段階では、まだ、この八正道というものがついてくることになります。「与える愛の実践」に「八正道による軌道修正」、まだこれを離れることはできません。菩薩の段階においては、まだまだこの八正道が必要となります。

けれども、「愛の実践」と「八正道」の、この両者を繰《く》り返していくうちに、われらは、さらに次なる真実に気づくに至るようになります。「愛の実践」と「八正道」、これをやっているうちに、あの「六波羅蜜《ろくはらみつ》」という言葉に思い至るようになります。

3 「仕事そのものが自分である」と感じる「梵天《ぼんてん》の境地」

梵天は自分の全生命を「聖なる目的」のために費《つい》やしている

『黄金の法』（前掲《ぜんけい》）のなかに詳《くわ》しくは説明をしてありますが、この「六波羅蜜《ろくはらみつ》」の修行《しゅぎょう》は、菩薩《ぼさつ》から梵天《ぼんてん》へと向かうときに、どうしても必要な修行となってきます。

それは、阿羅漢《あらかん》の段階における八正道《はっしょうどう》が、まだ自己完成を中心としているのに対して、六波羅蜜の段階においては、「利他《りた》」というものにかなりの重点が移り、この利他に重点を移すということにおいて、自己をより積極的に、また十二分に生かす、そういう道を求めているからであります。

これらについて、詳しい説明は今日はいたしません。

私が今日みなさんにお教えしたいのは、この菩薩の上段階にありますところの

「梵天」の境地です。

私の本をお読みになって、時折、「梵天」という難しい漢字が使われているのに気づかれたことでしょう。この梵天とは、いったい何であるのか。

これは、「菩薩と如来《にょらい》の中間的な領域である」というふうに説明がなされています。ある説明によれば、本来は如来の霊格《れいかく》を持っているが、仕事として菩薩の仕事をしている者を「梵天」とも説明しております。

この梵天の境涯《きょうがい》というのは、実は、人間としての自己発揮の仕方において決定的な違《ちが》いがあるのです。

みなさんが菩薩と考えている人たちの活動は、まだ生きているみなさん同様に、人間としての意識、肉体的な意識も一部には持っておられます。しかしながら、この上なる、梵天なる境涯は、みなさんが今思っているところの、手であるとか足であるとか、自分の顔であるとか、こうした意識をすでに使わないで自己認識をしている人たちの現れなのです。

彼らは、私たちが地上にあって思うように、「こうした姿があって、姿のある人間が仕事をする」というのではなくて、「仕事そのものが自分である」、こういう認識をしているのです。これが分かりますか。

みなさんも、仕事に没頭《ぼっとう》され、その仕事が自《みずか》らの天職といわれるような仕事である場合、そして、無我夢中《むがむちゅう》になっているときに、「われ」というものを忘れられることがあると思います。しかしながら、その多くは一時的なものであって、長くは続かないでしょう。

けれども、この梵天の境地はそうではありません。彼らが梵天であるのは、彼らは「自らのなす仕事そのものが自分である」と感じているからなのです。すなわち、「私がなす仕事が私であって、それ以外の私というのがない」。こういうことなのです。

「それ以外の私」とは、プライベートな、まったく人間的な領域のことでありま す。

ただ、梵天たちは、この「プライベートの部分」「私《わたくし》の部分」がもはやなくなっているのです。それは、二十四時間が仕事となっている人たちの姿なのです。

「二十四時間が仕事である」とはどういうことか。それは、自分の全生命を聖なる目的のために費《つい》やしているということです。

振《ふ》り返って、みなさんがた一人ひとりが、自らの一日の二十四時間と過去数十年、これを回顧《かいこ》するときに、どうですか。

今、学び始めたところの、この真理の基準に照らしたならば、その一日の時間、あるいは数十年の時間のいったい何パーセントを、真理のために、あるいは真理に則《のっと》った生き方のために費やしましたか。それを、「人生の大半がそうであった」と言い切れる方はどれだけいるでしょうか。

考えれば考えるほど、そのパーセンテージは少なくなっていくでありましょう。然《しか》り。「そのパーセンテージが少ない」ということ自体が、みなさんの魂《たましい》の現在の境涯がどのへんにあるかを示しているということなのです。

自《みずか》らの魂《たましい》がいかなるものかは「真理への取り組み方」を見たら分かる

梵天の境地に達するためには、自分の命をすべて真理のために費やして、数百年、数千年の魂《たましい》生活を送って悔《く》いなき、そうした心境でなければならないのです。単に「好きだ」というのではなく、その仕事が、魂を揺《ゆ》さぶるような喜びを伴《ともな》っている。そういうものでなければいけないのです。

小さな例から挙《あ》げるとするならば、みなさんがたは真理の書籍《しょせき》を読まれているでしょうが、その読む姿勢そのものでも違いはあります。

「何とか学ばねばならない」「勉強せねばならん」と思って、この「ねばならない」に基《もと》づいてやっている方と、「魂の糧《かて》として、どうしても必要である」として学んでおられる方と、「真理を知るということが、いかに喜びをもたらすものか」を知って学んでおられる方と、「学びは即《そく》、行為《こうい》につながる」と思って読んでおられる方と、「書籍のなかには、自分がなさねばならんことが書いてある」と思って

「それを吸収し、実践《じっせん》することが魂の喜びである」として読んでいる方と、違いはさまざまでありましょう。

その姿勢のなかに、みなさまがたの〝魂の片鱗《へんりん》〟が現れているのであります。

「その魚が何の魚であるか」は、鱗《うろこ》一枚を取ってみれば分かります。その全身を見る必要はない。口ひげを見なくても、「鯉《こい》の鱗は鯉の鱗」であります。「鮒《ふな》の鱗は鮒の鱗」「鯛《たい》の鱗は鯛の鱗」であります。

みなさんがいかなるものであるかは、真理へのその取り組み方を見たら、その瞬《しゅん》間《かん》に分かるのであります。そして、自《みずか》らの〝魂の生地《きじ》〟がいかなるものであるかは、今言ったことを参考に自問自答すれば、結論は出てくるはずであります。

そうして、「まだまだ、はるかに修行の過程がある」と思う方は、今日より心を入れ替《か》えることです。

そして、自らの〝鱗の一枚〟が偉大《いだい》なる光を放っていると感じられた方は、さて、これから何をするか。鯉は鯉としての、鯛は鯛としての泳ぎ方があるであろう。その泳ぎ方に目覚めよ。自らのなさねばならぬことを知れ。それが大事なことです。出発点として、自らの〝魂の片鱗〟が何を物語っているかを知り、そうして、今日から、あらゆる意味において、あらゆる立場において、一歩前進、二歩前進していくことが大事であります。

多次元宇宙まで理解していくには認識の転換《てんかん》が必要

さて、菩薩の境涯、その上なる段階に「梵天」というものがあり、「梵天は、自分の姿形《すがたかたち》にとらわれることなく、仕事そのものを自分として捉《とら》えている」と言いました。この意味において、「梵天からは、もはや人間としての枠《わく》は超《こ》えている」と言ってよいでしょう。

そうして、「仕事そのものが自分である」という観点に立ったときに、大きな変化が現れてきます。それは、地上的認識ではかなり難しいことです。

私たちの地上的な認識では、一人の人の仕事というものは、例えば一対一で会って話をする、こういう、限界を画された活動なのです。これは〝地上的な仕事〟です。一対一で話をする。それ以外のことを思いつかない。これが〝地上人の仕事〟の実際であります。

もちろん、複数の人と話をすることもできるわけですが、地上的認識という意味で説明をすると、地上の人間は、「人は同時には一人としか話ができない」というふうに自己限定をしているのです。なぜならば、口は一つしかないし、目は前にしか向いていないし、耳は二つしかないからです。目の前にいる人とだけ話ができるようになっている。こういうふうに思っているわけです。

ところが、高次元世界であるところの、菩薩の上段階、ここは「七次元の上段階」という言葉でも呼んでいますけれども、この段階に来るとどうなるでしょうか。

例えば、今日この場でお話ししていますように、「四千人の方に私がお話しする」ということは、これは三次元的に見た場合にどう見えるかというと、私の姿が四千人いるのと同じに見えるのです。地上人の見方からすると、四千人の大川隆法がいて仕事をしているのと一緒《いっしょ》になるのです。そういう認識なのです。それが分かるでしょうか。

相手の人たちはみんな、一対一で私と話をしているつもりである。ところが、同時に私が話をしている人は四千人いる。これは、地上世界であるから四千人いて、四千人の方が私を見、私が四千人の方を見て、こういう集団で話をしている姿になっているけれども、実在界においてはこうではない。こうではなくて、話ができる。それぞれ一人の人が一対一で私と話をしているつもりでありながら、同時に、これだけ多くの人たちと話をする。こういうことが可能なのです。

それは、認識の出発点がもはやこの肉体にないから。こういう姿形にないから。「大川隆法」という名で呼ばれている人間には、こういう物理的限界はないから。

私の本当の姿は「数千人の人と話をする」という仕事であり、それ自体が私である。こういうことなのです。

この認識の転換《てんかん》がみなさんにはお分かりでしょうか。ここで分からなくなると、多次元宇宙まで行けないのです。ここで退転された方は、もう一回、阿羅漢からやってください。いいですか。

宇宙論を理解していくためには、こうした認識の転換が必要です。どうしてもみなさんは「自分」というものを基準としてしか考えられないのです。

「自分」というものを違う観点から見ることができますか。

例えば、この記念ホールがありますけれども、このホールを〝自分〟として考えることができますか。この記念ホール、数千人を収容するこのホールが〝自分〟だとして、今、自分が数千人の人を受け入れている。そして、この講演会を開催《かいさい》している。こういう「観の転回」ができますか。

これができれば、みなさんは人間的視野から離《はな》れることが可能となってくるのです。「地上的な属性から離れる」ということを、これは意味しているのです。

4 「宇宙即我《そくわれ》」の境地とは

第一段階の宇宙即我の境地 ―― 魂《たましい》が上昇《じょうしょう》して地球を眼下に見下ろす

過去には、「梵天《ぼんてん》の境涯《きょうがい》では霊的《れいてき》能力というものがそうとう違《ちが》う」という話もいたしました。「この梵天あたりからは観自在力《かんじざいりき》というものが非常に強くなってくる」という話をしています。

この観自在力が本当に力を得てくるのが、この境涯です。梵天の境涯からなのです。

そうして、「観自在力の行き着くところは大宇宙を知ることだ」というふうにもお話しいたしました。

すなわち、大宇宙を知っていくためには、今話をしまし

『観自在力』（幸福の科学出版刊）

たように、「認識の転換《てんかん》ができる」ということが、どうしてもどうしても前提として必要なのです。

「このホールが自分だとして、この講演会を見る」という話をしましたが、これをもっと広げてみれば、どういうふうになるか。すなわち、「みなさんは宇宙になれる」ということです。「これをもっと広げたら、大宇宙になれる。大宇宙そのものとなって、大宇宙の内なる世界を見ることができる」ということを、その可能性を示唆《しさ》しているわけなのです。

過去、「宇宙即我《そくわれ》」という体験をされた方が何人かいます。それについても何度か話はいたしました。そして、「この宇宙即我の境涯にも三段階ある」という話もいたしたことがあります。

第一段階の宇宙即我は、狭義《きょうぎ》の太陽界、すなわち如来界《にょらいかい》の上段階で得る宇宙即我である。そういう話をしました。それは、ソクラテスのような如来がかつて経験したものである。そういうことです。

このソクラテスなどの宇宙即我というのは、「肉体をこの地上に置きながら、魂《たましい》がこの肉体を離《はな》れ、限りなく上昇《じょうしょう》し、拡大して、地球というものを眼下に見下ろし、地球が小さな球《たま》のように見える」、こういう意味での宇宙即我でした。

この、八次元の如来界といわれる世界での宇宙即我は、地球という観点、地球というものをどうしても想定しないとできないという限界がある。これが、その宇宙即我の限界でした。

ソクラテスもこれは経験しています。ソクラテスがこの宇宙即我を経験していることは、彼が弟子《でし》のプラトンに後《のち》に書かせた『パイドン』という書物のなかに、はっきり書かれています。彼には、はるかなる上空から地球の姿を見下ろした体験が明らかにあったのです。それを語っています。

第二段階の宇宙即我の境地——自分の意識が銀河系の大きさまで広がる「銀河即我」

そして、この上なる宇宙即我として、言ってみれば、「銀河即我」という境地があります。

この「銀河即我」という境地は、自分の意識が銀河系の大きさまで広がって、地球が小さな細胞《さいぼう》に見える境地です。

第三段階の宇宙即我の境地——大宇宙が一つの生き物のように見える

さらにこの上にある第三段階の宇宙即我は、どういう境地であるかというと、宇宙というもの、大宇宙というものが一つの生き物のように見える境地なのです。これは、みなさんが小さな小さなミクロの人間となって、自分の人体に入っていると考えれば、想像するのはそう難しくないでしょう。ウィルスのような姿となって自分の肉体のなかに入り込《こ》み、そして自己を観察したら、どう見えるか。それは巨大《きょだい》な宇宙空間でありながら、それぞれの機能を持った部分が寄り集まっているわけです。

この第三段階の宇宙即我といわれる境地に到達《とうたつ》いたしますと、例えば、われわれが「銀河」と呼んでいる部分は、どう見えるでしょうか。

本当は、「銀河」といわれるものはものすごく数があるのですが、地球から見た、銀河といわれている部分、これなどは一つの心臓のように見えます。明らかに心臓のように見えるのです。そして、太陽系の、この太陽を中心とする惑星群《わくせいぐん》などは、一つの動脈のように見えてきます。

宇宙の中心部から、神のエネルギー、光というものが送り出されて、そして、この銀河という心臓を通って、さらに太陽系のほうに力強く送り出されています。そして、この大動脈から太陽を中心として、地球や金星やその他の惑星のところに流れていっているのです。こうした姿が見えるのです。

みなさんの目に、今、天体望遠鏡で見えている宇宙は小さな星の集まりで、あとは真空のように見えますが、霊的な目で見たときには、これが一つの生き物に見えます。大きな目的を持って動いている体に見えるのです。

あるところで〝右手〟が上がったら、これがどうなるかというと、その星群において大きな変動が起きてきています。そして、新たな星が生まれ、新たな太陽系が生まれ、そういうことができてています。

また、肉体において、いろいろなところが〝病気〟によって使えなくなったりすることがありますが、そういうときには、一つの星の死、あるいは、その星を中心とする惑星群たちの枯《か》れていく姿、消えていく姿、こういうふうにもなります。

ブラックホールは一種の〝ガン細胞〟として見えます。それは、霊的な目で見ても、ちょうどガン細胞同様に黒く煤《すす》けたかたちに見えます。それはまさしく〝ガン細胞〟であって、それに近づいたものたちの命を奪《うば》っていきます。

近づいていくものとは何か。そのブラックホールに近い星たちです。これは銀河のなかで言えば細胞です。ガン細胞に近いところの細胞は次々と侵食《しんしょく》をされ、侵《おか》されていきます。そして吸い込まれていきます。こうした、ブラックホールのような〝ガン細胞〟があります。

すなわち、こうした銀河系宇宙という広大な世界のなかにおいて非常に機能的な体をつくっているわけですが、人間の肉体でもいろいろなところを足場にして活動を開始しているうちに、いろいろなところで故障が起きたりしますように、同じく、いろいろな銀河を足場にして活動をしているうちに、そうした大きな、神から分かれた体であっても〝病《や》める部分〟が出てきます。この〝病める部分〟とは何かというと、相克《そうこく》をしている部分なのです。

太陽系が掲《かか》げる中心の進化の目標は「知」と「美」

それぞれの惑星集団のなかには一つの目標があります。大きな星の群れたちのなかには一つの進化の目標があります。地球を中心とする太陽系には、太陽系としての目標があり、理想があり、それは他の太陽系とは違ったものです。

この地球を中心とする太陽系の目標は何であるかというと、現時点において、いちばん中心の目標は二つあります。

第一は、「限りなく知を高めていく、知的な進化」ということです。これを一つ大きな目標に挙げております。

もう一つは、「知的な進化と同様に大調和、調和を実現する」ということです。これは美へとつながっていくものであります。

この「知」と「美」の二つを目標として掲《かか》げてあります。

しかし、他の銀河、あるいは他の太陽系においては、まったく違った目標に基《もと》づいて活動をしているものたちがあります。

こうした集団群が重なり合うところにおいて一つの軋轢《あつれき》が起き、それがブラックホール化することがよくあります。そういうふうな姿です。

これが第三段階です。

宇宙即我の上の神即我の境地――大宇宙そのものが一つの球体に見える

こうした宇宙即我のさらに上の境地として、「神即我」といわれる境地がありまります。この神即我の境地になりますと、もう少し認識が進んできます。

第三段階の宇宙即我では、この大宇宙が、神の体として心臓や内臓や、あるいはさまざまな血管のように見えていたものが、さらに視野を高めていくと、もはや、そうしたものではなく、このわれわれが見ているところの、大宇宙そのものが一つの球体に見えてきます。それは球体なのです。小さな球《きゅう》のように見えます。

そして、こうした球体が、もっと大きな大宇宙のなかに幾《いく》つも浮《う》かんでいるのが見えます。

この球体をつくっているものは、「十三次元宇宙」と呼ばれているものです。この十三次元宇宙というものは、もっと高次の十四次元以降の世界から見ると、本当の球です。球のようになって浮かんでいるのです。

そして、みなさんは想像がつくでしょうが、この球は、それぞれにまたまとまりをつけて、次なる秩序《ちつじょ》を形成しているということです。それぞれの浮かんでいる球がまとまりをつくって、先ほどの銀河系と同じように、さらに大きな宇宙における心臓をつくったり、腎臓《じんぞう》や胃をつくったり、頭脳をつくったりしているのです。

私たちの住んでいる大宇宙は、神が創られた世界を見るための〝窓〟

もっと高次な十四次元以降の大宇宙から見たときに、今私たちが住んでいる地球が入っているところの、この十三次元の宇宙ボールは、いったいどの部分に相当すると、みなさんは思いますか。

私たちが今住んでいるところは、もう一段大きな宇宙から見たときには、肉体で言うと、ちょうど「目」の部分に当たるのです。「右目」です。これに当たるところに位置しています。

すなわち、十四次元以降の宇宙において、われらが住んでいるのは、こうした目です。この目をつくっているところの細胞がありますが、この細胞一つひとつがもっと小さな、いや、われわれの目から見れば広大な星雲ですけれども、そうした宇宙なのです。そういう世界です。

なぜ、われらの世界が「目」に当たっているか。すなわち、われらが住んでいるところの、この大宇宙というものは、これは、神が創られた世界を見るための〝窓〟の役割を果たしている。この私たちが住んでいる宇宙を通して、他のすべての世界が非常に分かりやすい、そういうところになっているのです。

すなわち、この私たちが住んでいるところの宇宙空間というものは、神の創られた世界のなかでは一つの〝代表作品〟なのです。〝代表作品〟であって、いろいろな要素、神の理想とするものをここに集めてあるのです。そして、それが箱庭のようになって、その世界のなかで、いろいろな類型、モデルとなる事件が起きているのです。そういう世界であるということです。

5　宇宙的観点から見た地球人の使命とは

ここまでお話をすれば、どうやら、私たち地球系霊団《れいだん》の、あるいは太陽系霊団の使命というものがお分かりになってくると思います。

われらは、非常に誇《ほこ》り高い、魂《たましい》のグループであるのです。私たちが住んでいる宇宙は、もっと大きな宇宙から見ても、たいへん期待されているグループでありますが、このなかの銀河の、このなかの太陽系に住んでいる私たちは、極《きわ》めて神から期待されているグループなのである。そうした魂集団なのである。

それは、もっとマクロの見地から見ても、確かに言えることなのです。
決して、地球に住んでいるからそう言うのではなくて、
「もっともっと大きな宇宙的観点から見ても、
私たちの今の魂グループたちは、
かなり前進した、大きな理想を持ったグループである」ということなのです。
その私たちが、今、二十世紀の日本というところに大挙して、
肉体を持って、生きているのです。
この意味を知ってください。
私たちの今回の仕事はどれほど大きな使命を帯びたものであるか。
それを知ってください。
この二十世紀の日本に肉体を持って、今、大号令の下《もと》に、
この大きな運動の下に、みなさんが集《つど》っておられるということは、
決して偶然《ぐうぜん》ではないということを。

それは、大宇宙の巨大《きょだい》な世界から見たら、もはや、
何兆分、いや、その何兆分の何兆分の何兆分の一ぐらいの確率であるが、
しかし、それは、確かに、選ばれた魂たちであるという事実なのです。
「偶然ではなくて必然的に選ばれた魂である」ということなのです。

この事実を知ったときに、座していていいのか。
眠《ねむ》っていていいのか。
目覚めなくていいのか。
行動しなくていいのか。
今、立たなくていいのか！
みなさんは、それで人生を全《まっと》うできると思っているのか！
単なる肉体人間ではない、
それだけの偉大《いだい》な使命を持って生まれてきているわれらであるならば、

いったい、どれほどの活躍《かつやく》が期待されていると思いますか！


これより後《のち》、ただの人間であることをやめてください！

みなさんは、そうした多次元宇宙のなかで、非常に数少ない確率の下《もと》で、期待されている魂として、いったいどれだけの活躍をせねばならんか。

他の惑星《わくせい》にいる人たちと比べても、
極めて有利な、恵《めぐ》まれた環境《かんきょう》にあるのです。

この環境にあって、怠惰《たいだ》な生き方は許されない！

後退は許されない！

どうか、心して大きな使命というものを悟《さと》り、
これより後、共に精進《しょうじん》してまいりましょう。

ありがとうございました。

第5章

究極の自己実現

一九八九年七月八日　説法《せっぽう》

埼玉《さいたま》県・ソニックシティ大ホールにて

1　本当の自己実現の姿とは

「自己実現」という言葉に感じる深い神秘的な感覚

振《ふ》り返ってみますと、ちょうど三年になります。今から三年前の七夕《たなばた》のころに「幸福の科学をつくろう」と決意して、そして、退社を一週間後に控《ひか》えていたと思います。

そのとき、辞《や》めるに当たって、「何をするのか」と訊《き》かれて、「幸福の科学というのをやるつもりです」と答えたのですが、この名前は、初めて耳にする人にとっては変に聞こえるのです。「幸福」と「科学」とを「の」という言葉でつないでいるだけで、「会」という字も付いていないし、どのようなものなのかが分からない。そういう感じで、私自身も、その名を口にしたときには恥《は》ずかしい気持ちが少しあったのを覚えています。

しかし、それから三年間、いろいろなかたちで活動をやってまいりますと、最初は固有名詞として固まらなかった「幸福の科学」という言葉が、本当に固有名詞となって、みなさんの頭に、あたかも看板のごとく、ガンと張りつくようになってきているのではないかと思います。

このように、姿形《すがたかたち》なきものが、現実の活動を通して本当に姿形あるものへと変わっていく姿を見ていまして、不思議な思いに打たれるのは、おそらく私一人ではないと思います。

もともと一人の人間の心のなかにあった「理想」が、やがて口を通して語られ、その口を通して語られた「言葉」が、多くの人に受け入れられる。多くの人に受け入れられて、そうして「行動」を伴《ともな》うときに、やがて、その姿が固まり、この三次元という世界のなかで確たる存在として姿をつくっていく。

このプロセスそのものを見たときに、私は、世に言う自己実現の問題というのは、少し角度が違《ちが》うのではないかという気持ちがいたします。

世に言う自己実現論は、各人の心のなかに「この世的なる思い」として発したものが、自分の満足のいくところまで実現されることをもってよしとする考え方ではないのか。そのように思います。

けれども、私自身の現在ただいまの正直な感想というものを申し上げるならば、「自己実現」という言葉に、もっと深い、もっと神秘的な色合いを感じるのでありますす。私は、この言葉のなかに、大いなる流れのようなものを感じます。それは、ちょうどあの天《あま》の川《がわ》から流れてくるような、そうした神秘的な感覚であります。

はるかなる世界から、次第《しだい》しだいにこの地球を目指して流れてきて、そして、この地球の上を、地表を流れ過ぎていく。そこに何とも言えない大きな意志が働き、その意志が、一定の方向を持って、「ある力」をこの世に具現しようとしている。それは、自己実現の「自己」という言葉で言うには、あまりにも舌足らずであり、あまりにも表現不足である。

そのように、私は感じるものであります。

私は、今、幸福の科学の月刊誌に「愛は風の如《ごと》く」という小文を連載《れんさい》しておりますけれども、この「自己実現」の問題というものは、私にとっては、ちょうど、愛が風の如く人の心から心へと吹《ふ》き抜《ぬ》けていくように、はるかなる世界から、はるかなる銀河の世界から流れきたって、この地上を、それとは気づかせないままに吹き過ぎていく、熱い力のように思われます。

この世を超《こ》えた力を体現し、それを風の如《ごと》く吹《ふ》かせてこその自己実現

自己実現というものは、ともすれば、その「結果」に注目されることでありましょう。どのような結果が出たか。どのようなかたちが出たか。そのように捉《とら》える向きが多いのではないかと思います。

けれども、私には、どうしても、そういうものが本当の自己実現とは思えないのです。

「自己実現の大家《たいか》」といわれる世の成功者たちの語る言葉を聞いても、私には、彼らが、一つの殻《から》のなかに固まった存在のように、繭《まゆ》のように固まったなかに入っている人間のように見えるのであります。あるいは、それは繭といった柔《やわ》らかなものではないかもしれない。ときには、コンクリートの塊《かたまり》のようにさえ見えます。

そうした固いもののなかに閉《と》じ込《こ》められている心、そうして、外には決して出ることのない心、固まり切った心、「自我」という名の殻で覆《おお》われた心。これが自己実現の姿であるならば、こんなものは理想であってはたまらない。私はそう思います。

どうしても、このような文学的な表現を使うことをお許しいただきたいという気持ちはあるのですが、やはり私には、究極の自己実現の姿は、限りなく透明《とうめい》で、限りなく熱く、それとはなく、人に気づかれようともせず、しかして、風の如《ごと》く吹《ふ》き過ぎていくようなものだと思われるのです。そして、その透明感が深ければ深いほど、自己実現の程度は高いように思います。

今、私がこの道に入って三年弱の歳月《さいげつ》が流れました。三年の間に、書物も出し、みなさんにお話もし、いろいろなことをやってまいりました。

けれども、この地上で活動するということ自体が、本来、私が持っているところの神性《しんせい》を、あたかもコンクリートが固まるがごとく固めていくというような仕事であるならば、それは極《きわ》めて虚《むな》しいことであるように、私には思えるのであります。

仕事が増えれば増えるほど、三次元的なる波動《はどう》は私に向かってやってまいります。みなさん一人ひとりの願いも、私に向かってやってまいります。みなさん一人ひとりの悩《なや》みも、私のなかに入ってきます。みなさんはそれぞれ、この三次元の目に見えない桎梏《しっこく》に苦しんでおられます。

そうした目に見えない軛《くびき》を、桎梏を取り除いていこうと努力するうちに、私自身もいつしか三次元的なる波動に染まっていくのを悲しく思う、今日このごろであります。

されども、これをもって理想としてよいのではない。たとえ、いかなるこの世的なる諸問題がわが前に現れてこようとも、いかなるこの世的なる難問題が立ちはだかってこようとも、その難問題を片付けるべく、われ自《みずか》らが鉄の塊《かたまり》のようになったとするならば、これは敗北である。私はそう思います。

三次元的なる力によって、三次元の諸問題を、諸悪を解決するをもって、自己実現とは思わない。

この三次元の世界にあって、あくまでも、この世界を超《こ》えた力を自らの内に体現し、それを風の如く吹かし続け、吹き続け、通り過ぎていってこそ、今世《こんぜ》、自分としての、納得《なっとく》のいく自己実現がそこにあると思うのであります。

2 「究極の自己実現」を解釈《かいしゃく》する鍵《かぎ》となる「現代の四正道《よんしょうどう》」

今、ヘルメスと仏陀《ぶっだ》の教えを融合《ゆうごう》し、大きな教えをつくろうとしている話は、はるか昔のことに戻《もど》ります。

今から四千三百年の昔、ギリシャにヘルメスという人がおりました。ギリシャ神話でご存じの方は多いでしょう。ギリシャ神話では、今は間違《まちが》って伝えられ、このヘルメスがゼウスの子供であるようにいわれています。しかし、時間的にはゼウスよりも数百年昔にギリシャの地に生まれて、そして、ギリシャの地に「愛」と「発展」の種をまいたのが、このヘルメスなのであります。

ヘルメスのまいた愛の種は、やがて、時代を流れて、イスラエルにおいてイエスの愛となって、違ったかたちで現れてまいりました。ヘルメスの説いた発展の教えはまた、時代を下って、やがて西洋の近代化、そして、その発展へとつながってきました。この「愛」と「発展」という不思議な二つの概念《がいねん》を、ヘルメスという人は人々に教えました。

そして、ここにこそ、実は本日の演題であるところの「究極の自己実現」を解釈《かいしゃく》する鍵《かぎ》があるのです。

幸福の科学では、みなさんに「愛」と「知」と「反省」「発展」という四つの正しい道、「現代の四正道《よんしょうどう》」をお教えしております。そして、この「四正道」のなかの「愛」と「発展」の部分は、今申し上げましたように、ヘルメスの考えから流れ出しております。そして、「知」と「反省」の部分が、インドの仏陀《ぶっだ》の教えから流れ出しています。

そして、これらの融合体《ゆうごうたい》として、大きな教えを、今つくっていこうとしておりまず。かつて融合されえなかったものを、今、私は融合しようとしているのです。

「愛」「知」「反省」「発展」の順序を大事にしてほしい

さて、この四正道の最初に出てくるところの「愛」という考えは、便宜《べんぎ》的に最初に出てくるのではありません。必然的に、重要度があって、最初に出てきています。

私は、「まず愛あれ」とみなさんにお教えしています。

幸福の科学の教えは非常に多岐《たき》にわたり、膨大《ぼうだい》な知識が必要である、知識の吸収が必要であるというふうに考えておられる方も多いでしょう。

しかし、この四正道の順序をよく見ていただきたい。

まず愛あれ。愛ある人となれ。愛の溢《あふ》れる人となれ。そう、私は言っています。

出発点の愛は「与《あた》える愛」。この出発点において、難しいことを要求していません。

おそらくは、幸福にならんとして集《つど》い来《きた》ったみなさんは、何らかの愛を与えられんとして集い来ったみなさんでもあろうと思います。そのみなさんに、まず、私は、「違う。そうではない。愛は与えるところから始まっていくんだよ」とお教えしています。

もし、これから後《のち》の教えが難しいのならば、忘れていただいて結構です。一生において、自分の人生のなかで、この「愛」という言葉に出会い、「愛は与えるところに始まるのだ」ということ、この一つをつかみ取って生きていただければ、それでも結構であります。「愛を与えること」をまず知ることが、人間として、この地上にてプラスの人生を生きるための出発点であるのです。

そうして、さらに願うならば、さまざまな真理を、この機会に学んでいただきたい。みなさんの魂《たましい》の修行《しゅぎょう》のために、みなさんの、世の中が分かる範囲《はんい》を広げるために、より多くの人たちを理解できるようになるために、「知」を深めていただきたい。

そして、その深めた知でもって、自《みずか》らの思いと行いを振《ふ》り返っていただきたい。これが「反省」です。

そうして、反省を通して、自らの過《あやま》ちを修正し、心清らかになったならば、その清らかな心でもって「発展」に向かっていきなさい。その発展はユートピアへの道です。

この順序を大事にしてほしいと、私は申し上げております。

四正道《よんしょうどう》を循環《じゅんかん》しながら繰《く》り返すなかで人間としての実力も上がる

そして、この「愛」と「知」と「反省」「発展」という四つの道は、発展に到《いた》って終わるのではなく、発展からまた愛へと戻る道筋《みちすじ》でもあります。

発展のなかに生きていくとき、人は、ともすれば、その目覚ましいばかりの発展に目を奪《うば》われて、〝この世的な成功〟のほうに傾《かたむ》いていく傾向《けいこう》があります。

そのときに、「待て。自分は愛から始めたはずだ。愛を与えるということから始めたはずだ。愛を与えることから始めた自分が、この世的なる発展を、大いなる発展を追い続けているうちに、いつの間にか、自分への称賛《しょうさん》、評判、評価ということばかりが気になるようになってしまった」と、与える愛から出発した自分が、いつの間にか「奪う愛」へと傾いてきていることを知ります。そうして、また原点に帰ります、「与える愛」へ。

このように、この四正道《よんしょうどう》は循環《じゅんかん》しつつ、次第《しだい》しだいにそのレベルを上げていくものなのです。この四つの道を繰《く》り返し繰り返し、レベルアップしていくことによって、私は、その人の人間としての実力も上がり、また、その人を取り巻く環境自体も大いに光明《こうみょう》化していくものであるというふうに感じます。

3 「愛からの発展」を求めた英雄《えいゆう》ヘルメス

愛の行為《こうい》とは、心のロウソクに火を灯《とも》すこと

さて、もちろん、この四つの道すべてを究《きわ》めていただきたいという気持ちは強くありますが、今日は、この「愛」と「発展」の部分を、「自己実現」という言葉との関連において、さらに詳《くわ》しくお話ししてみたいと思うわけです。

ヘルメスは、みなさん月刊誌に掲載《けいさい》している「愛は風の如《ごと》く」でも一部読んでおられるように、英雄《えいゆう》でした。

この英雄は、しかしながら、私たちが習っているところの軍事的英雄、いわゆる「赤い光線」ともいわれていますが、そうした「正義の光線」における英雄とは違《ちが》った面があります。

何ゆえにそれが違っているのか。それは、明らかに出発点が違うからです。出発点が愛にあり、愛からの発展を求めたからこそ、この英雄は、英雄であっても、単なる正義の士《し》とは違っていたということです。

その途中《とちゅう》においては、いろいろな国との戦いもありました。全ギリシャの統一という目標を目指して、三十歳《さい》ごろから活動を開始し、六十六歳で地上を去るまでの三十六年間、全ギリシャ統一への夢、これを捨てることはありませんでした。

しかしながら、この全ギリシャ統一への夢は、日本の戦国時代における諸国統一の夢とは違ったものがあった。何が違うか。それは、「愛の戦いであった」という点が違ったということです。愛の戦いであった。

ヘルメスの根本《こんぽん》の思想は、次のようなものでした。

一人ひとりの心のなかに、
点火されていないロウソクがある。

あなたにも、あなたにも、あなたにも、
その胸の内に、まだ火を灯《とも》していないところの一本のロウソクがある。
このロウソクに火を灯す行為《こうい》こそ、愛の行為である。
ロウソクに火を灯す行為とは何であるか。
それは、各人が本来持っているところの光、
明るさ、豊かさ、力強い希望、
こうしたものを内から外へと散乱させるべく、
燦然《さんぜん》と光を放つようにしてあげることだ。
そのためにこそ、点火ということが大事なのだ。
そう考えていました。

ヘルメスの目には、それぞれの人の心に潜《ひそ》んでいるところの神性《しんせい》がはっきりと見えたのであります。

「何ゆえに、その神性に気づかずに今日《こんにち》まで生きてきたのか。そして、そうした方が数多く生きているのに、自分が、今、地上に出ていて、その一本のロウソクに火を灯すことさえできなければ、いったい何ゆえの人生であるか」、そう考えました。それゆえにこそ、英雄的なる活動があった。行動があった。

仏陀《ぶっだ》は瞑想《めいそう》的です。反省をし、内省をし、思想を固めていった人ですが、ヘルメスは行動の人でした。

何ゆえに行動の人であったか。それは、「一人ひとりの心のロウソクの火は、一人ひとりに対してつけないかぎり、絶対につかない」、そう考えていたからです。

「山火事のような大きな火事があって、そして火がつくロウソクではない。そんな大火事になったら、そのロウソクを持っている一人ひとりが焼け死んでしまうだろう。そんな大量の火でもって火をつけるロウソクではない。あくまでも、一人ひとりの心というものはデリケートであり、繊細《せんさい》であり、親切な言葉でもって一本一本に火をつけて回らないかぎり、それぞれの願いを、思いを満たすことはできない。

断じてできない」、そういう気持ちがあった。

そういう気持ちがあったらどうなるか。それは、無限の活動を必要とするということになります。

無限の活動を必要とするとはいかなることか。それは、三次元的なる、いかなる障壁《しょうへき》も許されない活動だということです。

風の如く、どこからともなく吹《ふ》き抜《ぬ》けて、各人の頬《ほお》を優《やさ》しく撫《な》でていく。そうした活動が必要であった。

この優しい風、これは何であるか。それは、愛の体現者であるその人が、一人ひとりの前に姿を現し、その姿そのもので「愛とは何か」を教えてあげること。こういう思想でありました。


「愛の風」の感触《かんしょく》を忘れず、それを自《みずか》らがつくり出してゆけ

ヘルメスはよく言っていました。

愛とは何かを知りたいというのか。
愛とは何かを知りたくば、わが目を見よ。
わが目の光を見よ。
わが目は、いったいいかなる輝《かがや》きでもってあなたがたを見ているか。
あの青く澄《す》んだエーゲのブルーの色でもって、
あなたがたに接しているであろう。
そのブルーは限りなく美しい。
そして、そのブルーのなかに入ったときに、
あなたがた一人ひとりも、染まりそうでありながら、決して染まらない。

そのとおり。
私は、あなたがたに愛という名の風を与《あた》えるが、

この風は、あなたがたのものにはならない。
私は、風となって、あなたがた一人ひとりを訪問するが、
この風を、あなたがたは手に捉《とら》えてつかむことはできない。
自分のものとすることはできない。
しかし、この風を、この感触《かんしょく》を、忘れてはならない。
これが愛の風なのだ。
これがエーゲのブルーなのだ。
この感触を忘れるな。
この美しさを忘れるな。
そして、それを自《みずか》らがつくり出してゆけ。

あのエーゲの海だとて、決して絵の具によって染め上げられたものではない。
一つひとつの水の粒子《りゅうし》が、太陽の光を浴びて、そして、その光を跳《は》ね返す。

一粒《つぶ》一粒の粒子のその仕事が、
このギリシャに、どれほどの恵《めぐ》みを与えているか分かるか。
一粒一粒は、光を反射することで精一杯《せいいっぱい》であろう。
しかるに、その光を反射する行為の総合は何か。
えも言われぬブルーとなっているではないか。
世界でまたとないブルーとなっているではないか、
青となっているではないか。
この神秘の輝きとなっているではないか。

よいか。愛というものも、そういうものなのだ。
他の人に教えられることはあっても、
教えられたものは、あなた自身のものにはならない。
教えられたものを、それを参考にして、

自ら自身が、主体的活動によって、自ら自身の行動によって、似たようなものを、同じものをつくり出そうとするところに、そこに愛は生まれるのだ。

「わが輝《かがや》き」を記憶《きおく》し、自《みずか》らのものとするために工夫《くふう》をしてゆけ

わが目を見よ。
わが目は雄弁に語るであろう。
口以上に語るであろう。
このブルーの目が、あなたがたに教えんとしているのだ。
真実のものは、いつもそのようであった。
人々は、ダイヤモンドの輝《かがや》きを見るならば、
「このようでありたい」と思うであろう。
ダイヤモンドは、そうした輝き自体を示すことによって、その仕事を終える。

「このような輝きがある」ということを、
一人ひとりの人に教えることをもって、その愛の仕事を終える。
ダイヤモンドを所有しようとしても、
それは、自分の体の一部にもならなければ、
決して死んで持っていけるものともならない。
あくまでも存在し、光り続けるということをもって愛としている。

人々よ、わが声を聴《き》け。
われは、このダイヤモンドの光なり。
わが光は、数千年に一度、この地上に下りて、
あなたがたに「真実なる光とは何であるか」を教えるが、
あなたがたの誰《だれ》一人として、この光を手に入れることはできない。
あなたがたの誰一人として、この光を自《みずか》ら自身のものとすることはできない。

しかし、よく聴け。
われは輝き続けるであろう。
この輝きを忘れてはならない。
この輝きを、目の底に、確かに記憶《きおく》しておけ。
この輝きを、脳裡《のうり》のどこかに記憶しておけ。
われは、あなたがたに輝きを伝えんがために来《きた》るなり。
この輝きを記憶せよ。
この輝きを知れ。
そうして、この輝きを自らのものとするために、
これから数十年、数百年、数千年の人生のなかで、
努力し、工夫《くふう》をしてゆけ。

ヘルメスは、こういうふうに、よく語っておりました。この言葉の意味を、もっと考えていただきたいと思います。

愛は人から人に伝えられることをやめたときに、愛でなくなる

この愛。愛そのもの。
これは「人から与えられる」というが、
人から与えられた愛も、それを受け取るだけでは本当のものとはならない。
それが、エーゲの水の粒子のように、光を跳ね返すことをもって本物となる。
すなわち、愛を受け取ったならば、「愛とは何か」を知らねばならない。
「愛とは何か」を知るということは、
「愛とは与えることである」ということを知ること。
「愛とは与えることである」ということを知るならば、それはどうなるか。
あなたがたは、人からされたそのよき思いを、

他の人々に分け与えんとして、また活動を開始するであろう。
そのようなものなのだ。

愛とは光であり、光の連鎖《れんさ》であり、
誰も、完全に、自分一人によって所有することは許されないものである。
しかしながら、この光の連鎖は、光が動いていくかぎり、
その活動をやめないかぎり、
絶えざる輝きとして、この地上にとどまるであろう。
しかし、この愛の光は、その活動をやめたときに、
光ることもなくなるであろう。
そのようなものなのだ。

光とは、活動の過程において現れるもの。

光とは、その連続によって現れるもの。
連鎖し、反応していくことを止《と》めたときに、この愛の光は死ぬ。
そのときに、愛は存在をやめることとなる。
ちょうど、あの風が吹くことをやめたときに風でなくなるように、
愛とは、人から人に伝えられていくことをやめたときに、愛でなくなる。
そのときに、愛は死すのである、死するのである。

この言葉の意味が、みなさんにはお分かりのはずです。愛は、「与える愛」とはいっても、これを物のように人に与えれば、その人はいつまでもそれを持ち続けているといったものではないのです。愛とは、与えられ、与えて、増幅《ぞうふく》し、いろいろなところを循環《じゅんかん》していくことによって、その生命を得るものなのです。

あたかも風の如《ごと》く。あたかも川の水の如く。

その川の水が断《た》ち切れてしまったならば、川はもはや川ではない。川が川である

理由は、絶えず、絶え間なく、切れることなく流れていくところに、その本質はある。

愛とは、風の如くでもあり、あの川の流れの如くでもある。私はそう言えると思います。

4　限りなく無私《むし》な心を求めよ

まいた愛の種子《しゅし》が根づいた証拠《しょうこ》は、自分自身の心のなかにある

さすれば、みなさん、「愛を知る」とはどういうことでしょう。「愛の教えが分かった」とは、どういうことでしょう。今の話で分かるはずです。

みなさんが、もし今日一日、誰《だれ》かに愛を与《あた》えることができたとしても、みなさんの愛は、与えた段階で終わってしまうかもしれない。あるいは、それは終わらずに、人から人へと伝わっていくかもしれない。

みなさんがまいたこの愛の種《たね》が、枯《か》れて死んだか、それとも豊かに実ったか、それをどうやって見届けますか。愛を与えた相手が、その後、どうなっているかを知ることによって、それを見届けることができる人もいるでしょう。しかし、私は、

今、一つのことを教えておきましょう。

みなさんのまいた愛の種子《しゅし》が確かに根づいたという証拠《しょうこ》は、それはみなさん自身の心のなかにあるということです。他人《たにん》の反応のなかにあるのではない。この愛の種子が確かに肥沃《ひよく》な大地に落ちたと言われるためには、みなさん自身の心のなかに、その反応がなければならない。私はそう思います。

愛を与えることによって、どれほど自分が美しく輝《かがや》いていくかを知ることです。それが大事なことなのです。

しかし、愛を与えることにおいて、もし、それが〝偽善《ぎぜん》という仮面〟のもとにおいて与える行為《こうい》であったならば、みなさんの心が美しく輝き続けるということはないでしょう。

真に、みなさんの愛の種子が根づき、実っていくためには、それを与えたみなさんが美しく輝き続けることが必要となります。

美しさを妨《さまた》げる「自己顕示《けんじ》」という名の砂塵《さじん》を取り除け

この美しく輝き続けるということを妨《さまた》げるもの。それは何でしょうか。何がその美しさを妨げると思いますか。

美しさを妨げるもの、それは、「自分があの人に与えた」という記憶《きおく》ではないですか。それを手柄《てがら》に思う心ではないですか。「あの人に、こういうふうにしてあげた」と自己満足する心ではないですか。そうです。この部分が魂《たましい》の光を妨げているのです。

私が、「風の如《ごと》く吹《ふ》いていけ」と申し上げている理由が分かるはずです。風は、その存在を人に知られません。存在を知られないが、確かにあるもの。確かに頬《ほお》をさすっていくもの、撫《な》でていくもの。しかして、その風を見ることはできない、つかまえることもできない。限りなく、あの風の如く透明《とうめい》であらんとする心が、みなさんの輝きを増すとは、このことを言っているのです。

そうです。
愛の行為を与えることは尊い。
しかし、いかほど与えたかを数え上げ、読み上げ、
記憶し続けているようでは、
風にまるで色が付いたようで、その風の存在が曲がってしまいます。
この風のなかに、
もし、「自己顕示《けんじ》」という名の砂塵《さじん》が混じったとするならば、
あの、人の目を害する春の嵐《あらし》のように、
砂と共に強く吹きつけていくことになるでしょう。
愛という名の風も、
そのなかに「自己顕示」の思いが、「自我我欲《じがかよく》」の思いが混じったならば、
砂塵を巻き上げ、そして、突風《とっぷう》を起こす、

あの竜巻《たつまき》のようなものとなっていくでしょう。
風のなかには、あくまでも砂や埃《ほこり》を入れてはならない。
砂や埃を取り除きなさい。
そうした思いを持ってはならない。

人が一生を生きていく過程において、
素晴《すば》らしい、かぐわしい風が吹いているということに感謝する瞬間《しゅんかん》が、
いったい何度ありましょうか。
一度でしょうか、二度でしょうか、三度でしょうか、
それともゼロでしょうか。
それは、みなさん一人ひとりに訊《き》いてみなければ分かりません。
けれども、風というものは、
人に感謝されようがされまいが、確かに季節感をつくり、

確かに清々《すがすが》しさを与え、確かに人々に透明感を与えるために、さわやかな清涼《せいりょう》感を与えるために吹き続けています。

そうです。

愛を思うに当たって、風を理想としていただきたい。

理想的なる風となっていただきたい。

人を害するのではなく、強く吹きつけるのでもなく、そして、その動きをやめてしまうのでもなく、風の如く、人から人へ、砂塵を巻き上げることなく、伝えてほしい。

真理を人々に伝える伝道の際に心掛《こころが》けてほしいこと

幸福の科学も、三年目を迎《むか》えて、今、変動期にあります。過渡期《かとき》にあります。次なる時代に踏《ふ》み込《こ》んでいこうとしています。

今まで、私たちは「真理の探究・学習」ということを中心にやってまいりました。

そして、それなりの効果をあげたものであると、私は思います。

されど、これからは「伝道の時代」がやってまいります。その伝道の際に心掛《こころが》けてほしいことが、この今日の話なのです。

真理を人々に伝え、人々に魂の目覚めを与え、そして、この地上を素晴らしい光の天使で満ち満ちた世界にすること。これこそは、もちろん「究極の自己実現」に当たると私は思いますが、この究極の自己実現たる伝道は、今、私がお話をしたように、あくまでも風の如くあっていただきたい。

砂塵《さじん》をそのなかに入れてはならない。
活動を展開することによって、
その結果を、その成果を、自分のものにせんとしてはならない。
そうした「自己顕示」は、
私が意図するところの「自己実現」とは別なものであるのみならず、

対極にあると言いたい。
砂塵を巻き上げて吹きつける風など、この地上にないほうがよい。
そんな風はなくてよい。
あくまでも、人々を幸せにするための風でなくてはならない。
その風が吹き抜《ぬ》けていくことによって、
その涼風《りょうふう》によって、人々が思わず知らず喜びに満ちるようでなくてはならない。
この地上を天国にするもののために、そうした風は与えられているのです。
決して、自己の力を誇示《こじ》するがために吹けとは言っていない。
これが伝道の際のチェックポイントです。

愛を押《お》し広げることにおいて自己限定をしてはならない

限りなく無私《むし》な心を求めていってほしい。
吹けば吹くほどに、その姿が見えないようであってほしい。

そうして、もし、その愛が実ったとしても、
自ら自身の手柄とは思わないでほしい。
決して人の感謝を求めてはならない。
感謝を求めるがために愛を与えるのではない。
愛は、愛自体として、愛であり続けるために活動を欲《ほっ》する。
愛であり続けるがために、
人から人へと伝えていかれることを、その使命とする。
愛は、その活動を止《と》めたときに終わりを迎える。
あなたがたの心のなかに宿りたる愛は、単に静止したる愛ではない。
その愛は、絶えず絶えず動き続け、
絶えず絶えず流れ出していくものでなければならない。

これより後《のち》、

愛を供給することにおいて限定をかけることはあってはならない。
これより後、
愛を押《お》し広げることにおいて自己限定をしてはならない。
自分を束縛《そくばく》してはならない。自分を縛《しば》ってはならない。
私はそう思います。

5　愛なくば発展は死である

「愛」の話を長くしてまいりました。「発展」についても語っておかねばならないでしょう。

ヘルメスの本心が、各人の心にあるところの、一本一本のロウソクに火を灯《とも》すところにあったと語りました。

されど、確かに各人一人ひとりの心にロウソクを灯す行為《こうい》は、これは、大いなる時間を、大いなる作業を必要とする行為であることは事実であります。

それゆえにこそ、ここに発展というものが要《い》るのです。

発展は、単に発展のみのためにあるのではないのです。発展は、より多くの愛を供給せんがためにあるのです。発展は、愛に奉仕《ほうし》せんがためにあるのです。与《あた》える愛を、さらに力強いものとして、さらに多くの人にその機会を与えんがために、発展はあるのです。この視点を忘れないでいただきたい。

発展は目に見えることが多いでしょう。例えば、私たちの活動自体でもそうです。私の講演会に来られる人の数は、確実に増えていきます。会員も増えていきます。事務所も職員も増えていきます。外面的にも発展は表れていきます。賛同する人の数も増えていきます。こうして、組織というものは大きくなっていきます。

しかし、肝心《かんじん》なことは、あくまでも、発展のための発展ではないということ。「愛なくば発展は死である」――これを言っておかねばならない。

あくまでも愛を実現するがための発展である。

発展することによって愛が死ぬならば、むしろ発展をこそ殺せ。

発展をやめよ。

愛に奉仕せんがための発展である。

この発展は、
限りなく多くの愛を人々に与えていくということを前提として、
許されているのである。
愛か発展かではない。
愛が発展を呼ぶのである。
発展は、愛により多くを奉仕するために与えられている機会なのだ。
それを知っていただきたいと、私は思います。

さすれば、発展が大きければ大きいほど、
それが目覚ましければ目覚ましいほど、
例えば、私たちの活動が日本全国に広がれば広がるほど、
そのなかに込《こ》めたる愛が減ってはならない。
断じて、少したりとも、スプーン一杯《ぱい》たりとも、愛が減ってはならない。

発展が急ならば、愛の供給はそれを超《こ》えることです。
それを超えなければならない。
みなさんがた一人ひとりに言っておきたい。

「愛を与えたい、多くの人に与えたい」と、
みなさんがたの能力を超えたが如《ごと》き活動を開始することもあるでしょう。
その活動によって、縛《しば》られ、倒《たお》れることもあるかもしれない。
しかし、そのときに振《ふ》り返って、
私の今語っている言葉を思い出してほしい。

愛が死んだとき、発展は抜《ぬ》け殻《がら》となる。
愛が死んだとき、発展は人の住まない家となる。
瓦礫《がれき》の山となる。廃墟《はいきょ》となる。

そのとおり。
発展という名の建物のなかに住まうのは、
愛という名の高貴なる存在であるということを忘れてはならない。
断じて忘れてはならない。

６　究極の自己実現とは何か

神の愛に生かされている自分に気づけ

外観のみに酔《よ》ってはいけません。
三次元的なる拡張のみに酔ってはいけません。
その拡張を凌駕《りょうが》するが如《ごと》き、この愛の想いを持っていただきたい。
そうでなくてはならない。
そうでなくては本物ではない！
私はそう思います。

なぜそう言うか。

それは、われらが何ゆえにこの地上に肉体を持っているかという、その根本《こんぽん》の使命にかかわっているということです。

われらが地上に生まれ変わってきているは、単なる趣味《しゅみ》ではない。酔狂《すいきょう》ではない。伊達《だて》ではない。飾《かざ》りを得るためではない。

われら地上に下りたるは、
これは、この地上にて、神の愛の国をつくらんがためなり。

私はそう思います。そのためにこそ下りたのである。

愛を与《あた》えるは、当然のことです。

なぜならば、われらが存在、それ自体が、
大いなる愛によって出来上がっているからです。


振《ふ》り返ってみてごらんなさい、みなさんがたの数十年の人生を。

振り返ってごらんなさい、その心のなかに去来した悪《あ》しき思いを。

振り返ってごらんなさい、人に二度と見られたくない、その行為《こうい》の数々を。
そのときに、しかれどもまだ命があるということは、どういうことですか。
そのような思いで、恥《は》ずかしい思いで生きてきて、
恥ずかしい行為をやってきて、
そして数十年の人生を生きて、まだ命があるとはどういうことですか。
まだ未来があるとはどういうことですか。
まだ希望があるとは、夢があるとは、どういうことですか。
どれほど大きな愛によって、
今、生かされているかということを知らねばなりません。
この愛に気づかないでは、とうてい人間とは言えません。
神の子であるとは言えません。
過去の自分を振り返ったならば、与えられていることのほうが、
与えたことよりもはるかに多いということに気がつくはずです。

それに気づかなければ、何を勉強したか分かりません。

自《みずか》らを正しく見たとも言えません。

そうです。与えられているのです。

絶えず見捨てることなく見続けている「神の忍耐心《にんたいしん》」こそ愛の根本《こんぽん》

唯物論者《ゆいぶつろんしゃ》たちは、あるいは神や霊《れい》を否定する人たちは、簡単に嘲笑《あざわら》います。「三次元という現象世界があって、魂《たましい》が肉体に宿ってその三次元で数十年を生き、この地上を去って、蟬《せみ》のように殻《から》を脱《ぬ》いであの世に還《かえ》り、あの世で極楽《ごくらく》に住み、また生まれ変わってくるなんて、そんなバカな理論があるものか」と、彼らは言います。

なるほど、一見バカな理論に見えます。滑稽《こっけい》にも見えましょう。無駄《むだ》にも見えましょう。

なぜ、そんな回りくどいことをするのか、手間暇《てまひま》かかることをするのかと見えましょう。

それが愛なんです！
その、効率の悪い、無駄なことのように見える、
こんな回りくどいことをやっている、
そして、私たちを生かしているのが、これが神の愛なんです。
この愛を知ってください。
愛は効率じゃないんです。
愛は合理化じゃないんです。
愛は能率じゃないんです。
愛は、こんな無駄なもののなかに、
無駄な人生のなかに、無駄な繰《く》り返しのなかに、
絶えず、見捨てることなく、みなさんを見続けている、
この神の忍耐心《にんたいしん》がその根本《こんぽん》なのです。

それゆえにこそ、われらはその真実に気づいたときに、
愛を止めるわけにはいかないのです。
止められないのです。
風は止めることができない。止まることができない。
止まったときに風ではなくなる。
愛は、吹《ふ》かなくなったら、あの風の如く止まってしまう、なくなってしまう。
そういうものなのです。
われらが、今、生かされていることを知ったなら、そのことを感謝したなら、
神の心を一部分でも、一握《ひとにぎ》りでも、ほんの砂粒《すなつぶ》一つであっても、
理解できるみなさんであったならば、限りなく吹き抜《ぬ》けていくことです。
あの風の如く、透明《とうめい》に、無私《むし》で、飾《かざ》ることなく、
人の感謝を求めることなく。
すべてが与えられているわれらであるならば、

決して他の人の称賛《しょうさん》を求めることなく、
いや、神御《おん》自らの称賛も求めることなく。

そう、これがわれわれの使命だから。これが仕事だから。
命があるということは、このように愛を与え続けるということなのだから。
だからこそ、それゆえにこそ、われらが愛の存在であるからこそ、
われらが存在することが、その魂自体が、愛の表現であるからこそ、
愛をやめるわけにはいかない。

そうです。
まず与える愛から始めることです。
そして、やはり、人間である以上、与える愛を卒業することはできないのです。
そして、人間を卒業した段階においても、神を見てください。

神は、われらがどのように努力してもそうなることはできないような、
与える愛の塊《かたまり》です。
愛そのものの塊です。
愛そのものの存在です。
「存在の愛」の究極の姿です。

神の心をつかみ続け、限りなく吹《ふ》き続ける風のようであれ

どうですか、みなさん。
「究極の自己実現」という、今日の演題の意味が分かりましたか。
究極の自己実現に「究極がない」という、この逆説が分かりましたか。
究極の自己実現は、神そのものの、神その人のお心自体を、
自らの心として生きていくことです。
これには究極がないのです。

残念ながら、人間である以上、九次元霊であっても究極はない。
その絶え間ない悲しみのなかで、透明な悲しみのなかで、
私たちは生き続けなければならない存在です。
されど、自らの目に溜《た》まったこの涙《なみだ》のことを深く考えすぎてはならない。
あのエーゲの海のように涙を輝《かがや》かせても、
それは見る人の心の糧《かて》としなさい。
みなさん個人のものとするのではなく、
その涙を限りなく透明に、青く、美しく、光に満ちたものとして、
その聖なる悲しみのなかで、愛の行軍を、光の行軍をしてゆくことです。

「究極の自己実現」――それは神のお心そのものを、
つかみ、つかみ、つかみ続けて、
限りなく限りなく前進していくこと。

限りなく吹《ふ》き続ける風のようであること。
みなさん全員が、あの風の如く、
この日本全国を吹き過ぎていったとするならば、
どれほど、この世が恵《めぐ》みに満ちたものとなり、
どのように、この世が光に満ちた素晴《すば》らしいものとなるでしょうか。
私から、今日、出たこの風を受け止め、
そして、止めることなく、みなさんもまた吹き渡《わた》っていってください。
ありがとうございました。

あとがき

ガンジス河の砂の数を数えるような仕事を三十数年やってきた。
今では説かれた法自体が私自身である。
今回はできるだけ肉声に近づけた編集をした。
これが若き日のエル・カンターレの獅子吼《ししく》である。

二〇二一年　一月九日

幸福《こうふく》の科学《かがく》グループ創始者兼総裁《そうししゃけんそうさい》

大川隆法《おおかわりゅうほう》

『大川隆法　初期重要講演集　ベストセレクション①』関連書籍

『黄金の法』（大川隆法 著　幸福の科学出版刊）
『幸福の科学とは何か』（同右）
『幸福の科学の十大原理（上・下巻）』（同右）
『「幸福になれない」症候群』（同右）
『新・心の探究』（同右）
『真説・八正道』（同右）
『釈迦の本心』（同右）
『観自在力』（同右）
『愛は風の如く』全四巻（同右）

大川隆法《おおかわりゅうほう》　初期重要講演集《しょきじゅうようこうえんしゅう》
ベストセレクション①
――幸福の科学とは何か――

2021年１月29日　初版第１刷

著　者　　大《おお》 川《かわ》 隆《りゅう》 法《ほう》

発行所　　幸福の科学出版株式会社

〒107-0052 東京都港区赤坂２丁目10番８号
TEL(03)5573-7700
https://www.irhpress.co.jp/

印刷・製本　株式会社 堀内印刷所

落丁・乱丁本はおとりかえいたします

ISBN978-4-8233-0240-4 C0014
装丁・イラスト・写真©幸福の科学

大川隆法 法シリーズ・人生の目的と使命を知る《基本三法》

太陽の法

エル・カンターレへの道

創世記や愛の段階、悟りの構造、文明の流転を明快に説き、主エル・カンターレの真実の使命を示した、仏法真理の基本書。14言語に翻訳され、世界累計1000万部を超える大ベストセラー。

第1章　太陽の昇る時
第2章　仏法真理は語る
第3章　愛の大河
第4章　悟りの極致
第5章　黄金の時代
第6章　エル・カンターレへの道

2,000円

黄金の法

エル・カンターレの歴史観

歴史上の偉人たちの活躍を鳥瞰しつつ、隠されていた人類の秘史を公開し、人類の未来をも予言した、空前絶後の人類史。

2,000円

永遠の法

エル・カンターレの世界観

『太陽の法』(法体系)、『黄金の法』(時間論)に続いて、本書は、空間論を開示し、次元構造など、霊界の真の姿を明確に解き明かす。

2,000円

※表示価格は本体価格(税別)です。

大川隆法ベストセラーズ・救世の獅子吼

大川隆法
東京ドーム講演集

エル・カンターレ「救世の獅子吼《ししく》」

全世界から5万人の聴衆が集った情熱の講演が、ここに甦る。過去に11回開催された東京ドーム講演を収録した、世界宗教・幸福の科学の記念碑的な一冊。

1,800円

われ一人立つ。
大川隆法第一声

幸福の科学発足記念座談会

著者の宗教家としての第一声、「初転法《しょてんぼう》輪《りん》」の説法が待望の書籍化！ 世界宗教・幸福の科学の出発点であり、壮大な教えの輪郭が説かれた歴史的瞬間が甦る。

1,800円

幸福の科学の十大原理
（上巻・下巻）

世界140カ国以上に信者を有する「世界教師」の初期講演集が新装復刻。幸福の科学の原点であり、いまだその生命を失わない救世の獅子吼がここに。

各1,800円

信仰と情熱

プロ伝道者の条件

多くの人を救う光となるために──。普遍性と永遠性のある「情熱の書」、仏道修行者として生きていく上で「不可欠のガイドブック」が、ここに待望の復刻。

1,700円

大川隆法ベストセラーズ・人生を輝かせるために

自助論の精神

「努力即幸福」の境地を目指して

運命に力強く立ち向かい、「努力即幸福」の境地へ──。嫉妬心や劣等感の克服、成功するメカニカルな働き方等、実践に裏打ちされた珠玉の人生訓を語る。

1,600円

私の人生論

「平凡からの出発」の精神

「努力に勝る天才なしの精神」「信用の獲得法」など、著者の実践に裏打ちされた珠玉の「人生哲学」を語る。人生を長く輝かせ続ける秘密が明かされる。

1,600円

人として賢く生きる

運命を拓く真実の信仰観

正しい霊的人生観を持たなければ、本当の幸せはつかめない──。人生を充実させ、運命を好転させ、この国の未来を繁栄させるための「新しい智慧の書」。

1,500円

凡事徹底と静寂の時間

現代における〝禅的生活〟のすすめ

忙しい現代社会のなかで〝本来の自己〟を置き忘れていないか？「仕事能力」と「精神性」を共に高める〝知的生活のエッセンス〟がこの一冊に。

1,500円

※表示価格は本体価格(税別)です。

大川隆法ベストセラーズ・大宇宙の神秘と悟りの極致

永遠の仏陀

不滅の光、いまここに

すべての者よ、無限の向上を目指せ——。大宇宙を創造した久遠仏が、生きとし生ける存在に託された願いとは。

1,800円

悟りを開く

過去・現在・未来を見通す力

自分自身は何者であり、どこから来て、どこへ往くのか——。霊的世界や魂の真実、悟りへの正しい修行法、霊能力の真相等、その真髄を明快に説き明かす。

1,500円

漏尽通力《ろじんつうりき》

現代的霊能力の極致

高度な霊能力の諸相について語った貴重な書を、秘蔵の講義を新規収録した上で新装復刻！ 神秘性と合理性を融合した「人間完成への道」が示される。

1,700円

観自在力《かんじざいりき》

大宇宙の時空間を超えて

釈尊を超える人類史上最高の「悟り」と「霊能力」を解き明かした比類なき書を新装復刻。宗教と科学の壁を超越し、宇宙時代を拓く鍵が、ここにある。

1,700円

幸福の科学出版

大川隆法「法シリーズ」・**最新刊**

秘密の法

人生を変える新しい世界観

法シリーズ 27作目

あなたの常識を一新させ、世界がより美しく、喜びに満ちたものになるように――。降魔の方法や、神の神秘的な力、信仰の持つ奇跡のパワーを解き明かす。

2,000円

第１章　宗教の秘密の世界
――この世とあの世の真実を解き明かす

第２章　霊障者の立ち直りについて
――ウィルス感染と憑依の秘密

第３章　ザ・リアル・エクソシストの条件
――悪魔祓いの霊的秘儀

第４章　降魔の本道
――世界を輝かせる法力とは

第５章　信仰からの創造
――人類の危機を乗り越える秘密

幸福の科学の中心的な教え――「法シリーズ」

好評発売中！

幸福の科学出版　　※表示価格は本体価格（税別）です。

一度だけ、泣いた女。
美しき誘惑
〜現代の「画皮」〜
製作総指揮・原作／大川隆法
長谷川奈央　市原綾真　芦川よしみ　モロ師岡　矢部美穂　中西良太　デビット伊東　千眼美子（特別出演）　杉本彩　永島敏行
監督／赤羽博 音楽／水澤有一 脚本／大川咲也加 製作／幸福の科学出版 製作協力／ニュースター・プロダクション ARI Production
制作プロダクション／ジャンゴフィルム 配給／日活 配給協力／東京テアトル ©2021 IRH Press
2021年5月14日（金）ロードショー
utsukushiki-yuwaku.jp

幸福の科学グループのご案内

宗教、教育、政治、出版などの活動を通じて、地球的ユートピアの実現を目指しています。

幸福の科学

一九八六年に立宗。信仰の対象は、地球系霊団の最高大霊、主エル・カンターレ。世界百四十カ国以上の国々に信者を持ち、全人類救済という尊い使命のもと、信者は、「愛」と「悟り」と「ユートピア建設」の教えの実践、伝道に励んでいます。

（二〇二一年一月現在）

愛

幸福の科学の「愛」とは、与える愛です。これは、仏教の慈悲《じひ》や布施《ふせ》の精神と同じことです。信者は、仏法真理をお伝えすることを通して、多くの方に幸福な人生を送っていただくための活動に励んでいます。

悟り

「悟り」とは、自らが仏の子であることを知るということです。教学《きょうがく》や精神統一によって心を磨き、智慧《ちえ》を得て悩みを解決すると共に、天使・菩薩《ぼさつ》の境地を目指し、より多くの人を救える力を身につけていきます。

ユートピア建設

私たち人間は、地上に理想世界を建設するという尊い使命を持って生まれてきています。社会の悪を押しとどめ、善を推し進めるために、信者はさまざまな活動に積極的に参加しています。

国内外の世界で貧困や災害、心の病で苦しんでいる人々に対しては、現地メンバーや支援団体と連携して、物心両面にわたり、あらゆる手段で手を差し伸べています。

年間約２万人の自殺者を減らすため、全国各地で街頭キャンペーンを展開しています。

公式サイト **www.withyou-hs.net**

自殺防止相談窓口

受付時間　火～土:10～18時（祝日を含む）

TEL **03-5573-7707**　メール **withyou-hs@happy-science.org**

ヘレン・ケラーを理想として活動する、ハンディキャップを持つ方とボランティアの会です。視聴覚障害者、肢体不自由な方々に仏法真理を学んでいただくための、さまざまなサポートをしています。

公式サイト **www.helen-hs.net**

入会のご案内

幸福の科学では、大川隆法総裁が説く仏法真理《ぶっぽうしんり》をもとに、「どうすれば幸福になれるのか、また、他の人を幸福にできるのか」を学び、実践しています。

入会

仏法真理を学んでみたい方へ

大川隆法総裁の教えを信じ、学ぼうとする方なら、どなたでも入会できます。入会された方には、『入会版「正心法語《しょうしんほうご》」』が授与されます。

ネット入会　入会ご希望の方はネットからも入会できます。
happy-science.jp/joinus

三帰《さんき》誓願《せいがん》

信仰をさらに深めたい方へ

仏弟子としてさらに信仰を深めたい方は、仏《ぶっ》・法《ぽう》・僧《そう》の三宝《さんぽう》への帰依を誓う「三帰誓願式」を受けることができます。三帰誓願者には、『仏説・正心法語』『祈願文《きがんもん》①』『祈願文②』『エル・カンターレへの祈り』が授与されます。

幸福の科学 サービスセンター
TEL 03-5793-1727
受付時間／火～金:10～20時　土・日祝:10～18時（月曜を除く）
幸福の科学 公式サイト
happy-science.jp

ハッピー・サイエンス・ユニバーシティ
Happy Science University

ハッピー・サイエンス・ユニバーシティとは

ハッピー・サイエンス・ユニバーシティ(HSU)は、大川隆法総裁が設立された「現代の松下村塾」であり、「日本発の本格私学」です。
建学の精神として「幸福の探究と新文明の創造」を掲げ、チャレンジ精神にあふれ、新時代を切り拓く人材の輩出を目指します。

人間幸福学部　経営成功学部　未来産業学部

HSU長生キャンパス TEL **0475-32-7770**
〒299-4325 千葉県長生郡長生村一松丙 4427-1

未来創造学部

HSU未来創造・東京キャンパス
TEL **03-3699-7707**
〒136-0076 東京都江東区南砂2-6-5　公式サイト **happy-science.university**

学校法人 幸福の科学学園

学校法人 幸福の科学学園は、幸福の科学の教育理念のもとにつくられた教育機関です。人間にとって最も大切な宗教教育の導入を通じて精神性を高めながら、ユートピア建設に貢献する人材輩出を目指しています。

幸福の科学学園
中学校・高等学校(那須本校)
2010年4月開校・栃木県那須郡(男女共学・全寮制)
TEL **0287-75-7777** 公式サイト **happy-science.ac.jp**

関西中学校・高等学校(関西校)
2013年4月開校・滋賀県大津市(男女共学・寮及び通学)
TEL **077-573-7774** 公式サイト **kansai.happy-science.ac.jp**

仏法真理塾「サクセスNo.1」

全国に本校・拠点・支部校を展開する、幸福の科学による信仰教育の機関です。小学生・中学生・高校生を対象に、信仰教育・徳育にウエイトを置きつつ、将来、社会人として活躍するための学力養成にも力を注いでいます。

TEL 03-5750-0751（東京本校）

エンゼルプランV

東京本校を中心に、全国に支部教室を展開しています。信仰に基づいて、幼児の心を豊かに育む情操教育を行っています。また、知育や創造活動を通して、子どもの個性を大切に伸ばし、天使に育てる幼児教室です。

TEL 03-5750-0757（東京本校）

不登校児支援スクール「ネバー・マインド」

TEL 03-5750-1741

心の面からのアプローチを重視して、不登校の子供たちを支援しています。

ユー・アー・エンゼル！（あなたは天使！）運動

障害児の不安や悩みに取り組み、ご両親を励まし、勇気づける、障害児支援のボランティア運動を展開しています。

一般社団法人 ユー・アー・エンゼル
TEL 03-6426-7797

NPO活動支援

学校からのいじめ追放を目指し、さまざまな社会提言をしています。また、各地でのシンポジウムや学校への啓発ポスター掲示等に取り組む一般財団法人「いじめから子供を守ろうネットワーク」を支援しています。

公式サイト mamoro.org　ブログ blog.mamoro.org
相談窓口 TEL.03-5544-8989

百歳まで生きる会

「百歳まで生きる会」は、生涯現役人生を掲げ、友達づくり、生きがいづくりをめざしている幸福の科学のシニア信者の集まりです。

シニア・プラン21

生涯反省で人生を再生・新生し、希望に満ちた生涯現役人生を生きる仏法真理道場です。定期的に開催される研修には、年齢を問わず、多くの方が参加しています。
全世界212カ所（国内197カ所、海外15カ所）で開校中。

【東京校】 TEL 03-6384-0778　FAX 03-6384-0779
メール senior-plan@kofuku-no-kagaku.or.jp

幸福実現党

内憂外患《ないゆうがいかん》の国難に立ち向かうべく、2009年5月に幸福実現党を立党しました。創立者である大川隆法党総裁の精神的指導のもと、宗教だけでは解決できない問題に取り組み、幸福を具体化するための力になっています。

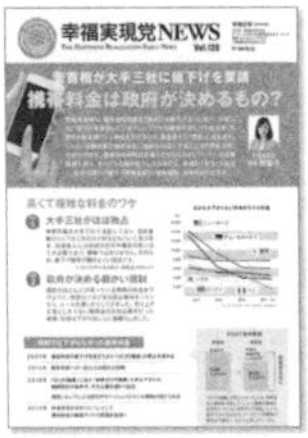

党の機関紙
「幸福実現党NEWS」

幸福実現党 釈量子サイト **shaku-ryoko.net**
Twitter **釈量子@shakuryoko**で検索

幸福実現党 党員募集中

あなたも幸福を実現する政治に参画しませんか。

○幸福実現党の理念と綱領、政策に賛同する18歳以上の方なら、どなたでも参加いただけます。
○党費:正党員（年額5千円［学生 年額2千円］）、特別党員（年額10万円以上）、家族党員（年額2千円）
○党員資格は党費を入金された日から1年間です。
○正党員、特別党員の皆様には機関紙「幸福実現党NEWS（党員版）」（不定期発行）が送付されます。

＊申込書は、下記、幸福実現党公式サイトでダウンロードできます。
住所:〒107-0052　東京都港区赤坂2-10-8 6階 幸福実現党本部
TEL **03-6441-0754**　FAX **03-6441-0764**
公式サイト **hr-party.jp**

幸福の科学出版

大川隆法総裁の仏法真理の書を中心に、ビジネス、自己啓発、小説など、さまざまなジャンルの書籍・雑誌を出版しています。他にも、映画事業、文学・学術発展のための振興事業、テレビ・ラジオ番組の提供など、幸福の科学文化を広げる事業を行っています。

アー・ユー・ハッピー?
are-you-happy.com

ザ・リバティ
the-liberty.com

幸福の科学出版
TEL **03-5573-7700**
公式サイト **irhpress.co.jp**

THE FACT

ザ・ファクト
マスコミが報道しない「事実」を世界に伝えるネット・オピニオン番組

ザ・ファクト 検索

NEW STAR PRODUCTION

ニュースター・プロダクション

「新時代の美」を創造する芸能プロダクションです。多くの方々に良き感化を与えられるような魅力あふれるタレントを世に送り出すべく、日々、活動しています。 公式サイト **newstarpro.co.jp**

ARI Production

ARI《アリ》 Production《プロダクション》

タレント一人ひとりの個性や魅力を引き出し、「新時代を創造するエンターテインメント」をコンセプトに、世の中に精神的価値のある作品を提供していく芸能プロダクションです。 公式サイト **aripro.co.jp**

大川隆法　講演会のご案内

大川隆法総裁の講演会が全国各地で開催されています。講演のなかでは、毎回、「世界教師」としての立場から、幸福な人生を生きるための心の教えをはじめ、世界各地で起きている宗教対立、紛争、国際政治や経済といった時事問題に対する指針など、日本と世界がさらなる繁栄の未来を実現するための道筋が示されています。

講演会には、どなたでもご参加いただけます。
最新の講演会の開催情報はこちらへ。⟹

大川隆法総裁公式サイト
https://ryuho-okawa.org